모감주나무 한 그루 서 있었네

모감주나무 한 그루 서 있었네

1판 1쇄 펴낸날 2024년 4월 1일

지은이 이향아

펴낸곳 시와시학
펴낸이 송영호
대표 김초혜

주소 서울특별시 동대문구 망우로21길 45 (202호)
전화 02-744-0110(대표)
　　　010-8683-7799(핸드폰)
전자우편 sihaksa@naver.com(회사)
　　　　sihaksa1991@naver.com(편집부)

출판등록 2016년 1월 18일
등록번호 제2021-000008호

ISBN 979-11-91848-20-5 (03810)
값 10,000원

* 저자와의 협의에 의해 인지를 생략합니다.
* 잘못된 책은 바꾸어 드립니다.

이향아 시집
모감주나무 한 그루 서 있었네

시학
Poetics

■ 시인의 말

  시집을 낼 때마다 나는 왜 이렇게 어수선한가. 왜 이렇게 머무적거리는가. 벼랑에 섰을 때나 느낄 수 있을 법한 이 아슬아슬함은 또 무엇인가.
  그러나 다시 봄이다.
  내가 지금, 여기서, 모감수나무 한 그루에 이처럼 몰입해 있다는 그것만으로도 큰 위안이 될 수 있지 않겠는가.

  시집의 차례를 바꾸는 등 여러 번 수정하면서 수고해 주신 조운아 편집장과 편집부 여러분께 매우 고맙다.

2024년 3월을 보내며
연지당硯池堂에서 이향아

차례

005　　시인의 말

제1부

013　　대숲을 지나며
014　　빈집
015　　잡초 같은 놈입니다
016　　올리브나무 지나서
017　　흐린 날 저녁
018　　숨어 살 세상 하나
019　　소리를 낮추어 행선지를 물었다
020　　저녁 비
021　　제르뜨뤼뜨에게
022　　그 섬은 없었다
023　　숲이여 경청하오니
024　　재를 퍼내며
025　　시선을 피했다
026　　원과 각
027　　폐가
028　　더러는 고이고 더러는 흘러
029　　신발에게
030　　모감주나무 한 그루 서 있었네

제2부

035 나무들이 태풍을 맞을 때
036 버섯
037 슬픔을 끌어당겨서
038 산다화 피어나고
039 비로소 시작하리
040 물의 표정
041 책을 덮었다
042 봄산
043 섭섭하지 않게
044 솔개처럼 떠서
045 시간이 되었다고
046 편편 대낮, 긴긴밤
047 준비는 되었는가
048 원천리에서
049 우리는 어차피 나그네니까
050 배꼽
051 저마다의 색깔로

제3부

- 055 눈 하나 뜨고 산다
- 056 흐르자던 말
- 057 길 끝으로 가는 길
- 058 내 속을 들여다본다
- 059 그대 쫓기듯이 왔는가
- 060 안과 밖
- 061 어찌 강물뿐이랴
- 062 몸을 부리다
- 063 무명베 걸친 며느리들은
- 064 답장이라도 씁니다
- 065 어제부터 내일까지
- 066 나중에
- 067 비를 맞고 서 있는가
- 068 약과 독
- 069 왜 하필
- 070 나일강
- 071 바다가 보이는 풀밭교실

제4부

077 외갓집
078 밥은 붙었더라
079 잊어버리세요
080 그까짓 고뿔
081 뜨거운 눈길로
082 이 핑계로 저 핑계로
083 살아 있기 때문이다
084 남포역
085 근조 리본
086 늦은 고백
087 마지막
088 정답
089 이상한 하루
090 시간과 시간 사이
091 한 철 손님
092 나를 어찌 여기실까
093 두 팔을 쳐들고
094 짐을 풀고 등을 기대며

096 에필로그 | 이향아

제1부

대숲을 지나며

 숲에는 나무들의 정령이 살고 있지, 그들은 새벽마다 제문을 외우지, 억울하게 죽은 어린나무의 영혼, 물이 오른 그 나무의 연한 잎사귀, 잘못 내리눌렀던 도끼날에 대하여, 어깨를 오그리고 아뢰는 소리

 진저리나던 그날의 아픔과 설움, 응징과 용서
 숲이 되려고 건너온 평원과 습곡, 산맥과 해안에서
 편도선 짓누르던 가뭄과 홍수, 지진과 산불
 해석하기 난해한 문법에 시달리면서
 얼룩진 껍질 속으로 잦아드는 흐느낌

 수런대는 대숲을 허리 굽혀 지나가네, 절절하게 따라서 외우고 싶은 말씀, 목숨은 언제까지 우리의 것인가 나, 지금 발꿈치를 높이 들고 대숲을 지나가네

빈집

얼기설기 묶은 끈을 풀었습니다
살림살이 거덜 난 보따리 하나
문만 열면 쏟아질 듯 창백한 하늘
가던 길 멈추고 돌아보는 바람
하기야 애초부터 빈집이었습니다
어리석은 욕심만 벗어버린다면
무슨 탈이 있을까, 괜찮겠지요
실한 열매도 하찮은 껍데기도
한낮 햇살 늘피하게 뒹구는 마당
빈집을 지키다가 혼자 늙은 감나무

잡초 같은 놈입니다

　새벽 공판장에서 채소를 나르다던 그는 겉잎처럼 시들시들 졸기만 했다, '저는 잡초 같은 놈입니다' 패를 보여주듯 불쑥 던진 후, 공부를 작파하고 잠적했을 때, 내 안의 질경이, 내 안의 독새풀, 내 안의 바랭이 명아주와 질경이와 그런 것들 우우우 일어섰다

　망초 비름 냉이 속에 어린 들깨포기도 섞여 있지만 이름을 모르고 가려내기 성가시면, 잡초라고 부른다 한 사흘 내린 비에 아욱 상추 쑥갓도 문드러지고 '잡초 같은 놈입니다', '잡초 같은 놈입니다'

　얼싸덜싸 몰려드는 목숨의 더미, 그는 지금 환삼덩굴 가시처럼 뻗어 오를까, 달개비꽃 진 자리에 날아앉아 있을까, 이제 막 이제 막 뛰어내릴까

올리브나무 지나서

지중해 물길 따라 내려가는 길
올리브나무 지나서 올리브나무
부챗살 퍼지는 햇살은 정정하고
초록 피는 잎사귀 갈피마다 흘러
삼백 날 손을 비벼 익힌 열매들
에페소 가는 길에 줄을 선 나무들
펼쳐놓은 망사 그물, 열두 코마다
온 동네 사람들이 손발 맞추어
앞장서서 흘러가는 시간을 늦추고
올리브나무 지나면 다시 올리브나무

흐린 날 저녁

 하늘이 녹말가루처럼 가라앉는다 씨앗같이 웅크려야 움이 돋을 텐데, 바닥치고 솟아나야 종소리가 울릴 텐데, 오늘은 혹시라도 살아올지 몰라, 소리소리 부르면 거기 가서 닿을까 닿으면 눈을 뜨고 밧줄 당겨 화답할까

 멀리 갔던 고깃배가 오늘 돌아온단다
 풍악을 앞세우고 만선으로 온다
 노을은 모처럼 진홍으로 타오르고
 동네 개들도 눈치는 챘을 거야
 물정도 모를 텐데 짖어 쌓는다

 살아만 있으면 이렇게도 만나는데, 올 수 없는 사람은 오지 못하는구나 한 귀퉁이 모르는 척 저무는 저녁, 뒷산의 검은 숲도 술렁거린다

숨어 살 세상 하나

두 눈 번히 뜨고서 무얼 보며 살았는가
캔버스 앞에 붓을 쥐고 물감을 고를 때면
세상을 새로 짓는 사람처럼 마음 그득 찬다
이슬 머금은 꽃잎 하나 피워 낼 때에도
산마을로 가는 좁은 길 하나 뚫을 때에도
넘치는 것보다는 조금 아쉬운 듯하게
라벤다 꽃밭보다 노을빛을 찬란하게
비워둔 자리마다 푸른 안개 흘러가게
눈부신 광채 곁엔 그림자를 모셔야지
깊고 은밀한 그늘, 빛이 되는 그림자
슬픔이 없는 기쁨은 혼이 빠진 것이니까
그래도 눈금 하나씩 싹이 트는 즐거움으로
나는 캔버스 앞에 앉아 수양하는 중이다
몰래, 숨어 살 세상 하나 궁리하는 중이다

소리를 낮추어 행선지를 물었다

 발바닥에 낯선 수레바퀴를 달고 어제도 오늘도 미친 길 위에 섰다, 어디까지 가세요 어디서 내리세요 승객들은 목소리를 낮추어 행선지를 물었다, 사자굴 앞에 내릴라, 절벽 아래 떨어질라, 그러다가 제각기 졸았다, 설령 배고프지 않고 믿는 구석이 있을지라도, 조는 처이라도 하여 금을 긋자는 것인가, 상관하지 않기로 한 것인가

 풍경에 파묻힐 듯 잠기기도 하고
 손수건으로 입을 틀어막기도 하였다
 결단코 하나만은 사수하겠다는 듯이
 허술한 목숨밖에 지킬 것이 무엇인가
 지금 나는 어디로 가고 있는가

저녁 비

빗물 떨어지는 소리에 창문을 닫는 저녁
덧칠한 페인트 냄새, 솔솔하게 낡은 아파트
벽오동 잎사귀엔 물방울 지는 소리
새들은 미리 알고 둥지 안에 들었겠지
국기 하강식을 마치고 제각기 흩어져서
맑은 정신 줄을 세워 집으로 가는 시간
끝물에 접어든 맨드라미 어스름에
부챗살처럼 빗물을 가르며 달리는 시간
오늘이 가네, 나도 가네, 안녕히
번들거리는 거리가 발부리를 지키려고
부스러진 불빛을 뽑아 올리고
긴 숨을 내뿜으며 하루가 잠겨든다

제르뜨뤼뜨에게

　보라색은 오보에 소리 연두색은 바이올린 소리 제르뜨뤼뜨여, 이걸 아는 이는 당신밖에 없습니다, 듣지도 만지지도 씹지도 않고 눈으로만 알려고 하다니, 우리는 얼마나 어리석은지요
　감았던 눈을 뜨고 처음 만난 세상은 캄캄한 벼랑 짐승의 소굴, 사랑한 남자는 풍상에 낡은 새끼줄 같아서, 용서받지 못할 죄를 저질렀구나, 강물에 몸을 숨긴 그대 제르뜨뤼뜨여

　시월 하늘은 오보에 소리 바이올린 소리 가득하고
　눈부시게 영롱한 당신의 천지를 누가 훔쳐 갔는가
　남몰래 야금야금 나도 훔쳤을 거야
　용서하십시오, 아름다운 제르뜨뤼뜨여
　눈을 감으면 보이는 오보에 색깔, 바이올린 색깔

그 섬은 없었다

어느 파도에 휩쓸려 여기까지 왔을까
헛것을 보았는지 그 섬은 없었다
바람은 울먹이며 천지사방 더듬고
어지럼증 속에서 북극성을 바라본다
은사시나무 잎사귀같이 반짝이는 섬
떡갈나무 가지처럼 키가 크는 섬
백번 헐어 바친 가슴, 백번 어리석었어도
부질없는 일이라고 돌아서지 말아야지
길 위에 길 아래서 길을 잃었어도
포구마다 나루마다 그 이름을 외쳐야지
가야 한다, 나는 거기 닻을 내려야 한다
살아온 날들이 아무것도 아니다

숲이여 경청하오니

　오랜 날을 서성이다 여기 멈췄습니다, 나는 시방 엽록의 평원에 두 발을 묻고 적중하는 말씀에 스며들면서, 갈맷빛 가슴 기름진 과녁에 비로소 떡잎 하나 피우고 있습니다, 헝클어진 머리카락 순히 눕히고 허공에 펄럭이던 무모한 약속도, 양지쪽 밭두렁에 심어두었습니다

　숲이여, 나 아직 요행으로 두 눈이 밝아
　봄마다 피었다 지고 가을마다 떨어지는
　그러다가 미풍에도 소스라쳐 흔들리는
　순종하는 한 그루 낙엽수로 족합니다
　천둥 번개 목소리도 담아두고 명심하는
　내 그릇은 멧새들의 둥우리로 족합니다
　옷깃 여며 여며 경청하오니
　숲이여 이제 말씀하시옵소서

재를 퍼내며

우리는 재가 되어 만났다
가시덩굴 흙 뿌리, 우람하던 둥치를
어찌 알 수 있으랴 바스러진 살과 뼈
타버리면 그뿐, 끝인 줄 알았더니
무엇이 우리를 알아보게 하였는가
입김에도 스러지는 하찮은 무게로
얼룩진 낯바닥 헝클어진 매무시로
부끄러움 잊고서 눈빛이 마주쳤다
말갛게 들이비쳐 뼛속까지 보이는가
이제야 무슨 말이 가당할까 싶지만
부스러기 베어내고 돌아서면 될 것을
하릴없이 날아갈 재가 되어 만났다

시선을 피했다

그가 고백하려 하기에 시선을 피했다, 그것은 이미 눈치채고 있는 일, 나는 더 높은 벼랑에 설 것이다
확실하게 대답하라 다그쳐도 시선을 피했다, 그 깊은 동굴 속으로 빨려들면, 나는 한순간에 털릴 것이 뻔하다
송곳눈으로 나를 뚫었지만 시선을 피했다, 잘못을 거울 속처럼 알고 있는데 어찌 속이랴
숱한 사람 중 나를 불렀지만 시선을 피했다, 아는 것이 없으니 대답할 말도 궁해서

다만 무식한 것이 떳떳하지 않았다
무슨 일이 일어나고야 말지, 먼 산을 보았다
그래도 그렇지, 시선을 피하고서
어찌 작은 일 한 가진들 당해 낼 수 있겠는가

원과 각

창자는 일찌감치 뙤약볕에 묻어놓고
이리저리 부딪치다 바스러진 뼈마디는
짐작으로 문질러 맞춰가며 살았어도
어금니 앙다물고 두 발 딛고 일어나
뜬눈으로 지새운 밤은 없었다
뿔도 각도 없어 밀반죽 같은 세월
명창의 마디마디 헤아리는 고수처럼
잦아드는 고비는 추임새로 다지면서
어우렁더우렁 살아갈 수 있겠더라
슬픔을 손바닥이 가릴 수 없다고
얼굴까지 파묻고 울고 있을 것인가
바닷가엔 몸부림쳐 부서지는 파도
밤이나 낮이나 떠밀리는 자갈
얼마나 시달려야 저리 둥글까
강기슭 흘러 흘러 몸을 씻는다

폐가

 어머니는 당신을 허물어진 집이라고 하였다, 대청마루에 거미줄이 엉키고 돌쩌귀가 울어도 당치않다 넘보면서, 악몽과 싸우던 어머니는 씩씩하던 어머니는 헌 이를 빼고 틀니를 끼우면서, 헌 이가 허물어지듯 허물어졌다

  풀밭에 발이 빠지는 여름방학
  꽃들은 아무것도 모르면서 키득거리고
  나는 헛간 옆에 헛간처럼 비켜 앉아
  은하수에 숨어 있는 별 이름을 생각했다
  아버지가 숨겨둔 비밀번호를 생각했다

 어머니가 떠난 후, 우리는 흙 묻은 옷을 벗어버리듯 미련 없이 집을 벗고 나왔다, 지금은 마천루로 둔갑한 그 집, 우리가 떠나기만 기다리던 집, 우리와는 상관없는 집, 불야성이 하늘을 치솟아도 우리에겐 끝끝내 폐가일 뿐인 집

더러는 고이고 더러는 흘러

더러는 고여서 진흙탕이 되고
더러는 피어올라 뜬구름이 되고
진흙탕 오래 묵어 골병이 들고
뜬구름 흘러흘러 장맛비 되고
가다 보면 억새가 늦가을 한참
이 한 몸 기대 누울 모래밭 십 리
무논에는 물방개가 맴돌고 있고
기러기 몇 마리 열 지어 날아가고
목젖 밑 울음 풀어 바다에 닿을거나
잔 근심 잊어버려 무궁에 닿을거나

신발에게

질척대는 흙탕길에 넘어지지 말아라, 발 젖을라, 밀리다가 방향을 잃을라, 천천히 마른땅만 골라 딛고 가야 한다, 어느 머슴 내게 있어 고된 짐을 지우랴

가자면 가고 멈추자면 멈추는
울퉁불퉁 일그러진 무지외반증
발가락 구겨 넣고 사방팔방 헤맸었지
너는 내 쓸개, 내 사다리, 내 나침반
어이 이별하랴 나는 차마 못하리

누굴 만나 어느 곳에 무슨 사연 멈췄는지, 내 행실 내 거동을 나보다 잘 아는 너, 긁히고 주름지고 얼룩진 얼굴로도, 아직도 날 데리고 갈 곳이 남았는가, 견딜 수 없는 그날 네가 나를 버리거라

모감주나무 한 그루 서 있었네

모감주나무가 한 그루 서 있었네
날마다 양재천변 둑길을 걸었던 것은
모감주나무를 만나고 싶어서였네
비탈에서 가지 뻗어 금빛 꽃을 피워 올리는
자리를 탓하지 않는 연두색 주머니에
먹구슬 같은 염주알이 나날이 익어가면
내 가슴도 터질 듯이 차올랐었네
"무슨 나무지요?"
걷다가 멈춰 나무를 들여다보고 있을 때
지나던 사람들이 내 곁에 모여들고
나는 기쁜 듯이 대답했어
"모감주나무예요"
내가 심어 기른 듯이 뽐내면서
내 나무라도 되는 듯이 자랑스럽게
그와 아주 친한 듯이 다가서면서

재작년 폭우로 무너진 둑은 검은 뻘밭이었어
관청에서 수해 보상금을 청구하라고 할 때
눈만 뜨면 이런저런 탓들만 칡넝쿨처럼 뒤엉키고

모감주나무는 비에 휩쓸렸는지 흔적도 없고
어디에 묻혔는지 떠내려갔는지
찾을 길도 몰라서 답답했네
부서진 건 고치고 휩쓸린 건 쓸어모았지만
모감주나무는 돌아오지 않았네
나는 다 잊어버리고, 파묻어 버리고
날마다 둑길을 걷는 일도 작파해 버리고
몇 달이 반년 되고 해가 몇 번 바뀌도록
금년 여름 꿈인가 다시 만날 때까지
생시인가 눈을 껌벅이며 들여다보기까지

그는 땅바닥에 엎드려 움츠리고 있었네
뿌리만 죽지 않으면 이렇게도 만나는구나
그러나 나는 전처럼 다가갈 수가 없네

모감주나무를 위해 내가 무슨 일을 했는가 한 일이 있기나 한가, 뿌리만 성하면 산다는 걸 누군들 모르나
알면 무엇 하나

그래도 그를 보려고 둑길을 다시 걷네
옛날 같지 않네
나 겨우겨우 걷고 있네

제2부

나무들이 태풍을 맞을 때

 바람이 어디쯤 어찌 오고 있는지 나무들은 알아서, 미리 산발하고 흐느적거린다, 이른 봄부터 산정을 향해 키를 늘이다가 어떤 연두의 가지는 건들바람 따라 지레 눕고 어떤 잎들은 명예를 내걸고 앞서 뒹군다, 꺾일 때는 황홀하게 하강할 거야, 그러다가 독수리처럼 치오를 거야, 나무들은 태풍을 두려워하지 않는다

 바람 쪽으로 부드럽게 고개를 들어!
 거스르지 말고 물길처럼 흘러!
 둥치가 소리치면
 죽음을 넘어선 숲의 카니발
 뒷마당에 차려놓은 즐거운 만찬은
 부활을 알고 있는 나무들의 향연

 일기예보는 해마다 태풍을 경보한다

버섯

긴 장마 끝나더니 버섯이 줄을 섰다
해 아래 바로 서면 눈이 멀 것 같아서
뿌리 없는 가지에서 더부살이하더라도
뒷소문에 시달리며 숨어서 피는구나
초록 잎은 끝끝내 허락되지 않아서
빈혈의 혓바닥을 마른 덤불에 묻고
부스럼처럼, 부스럼에 앉은 피딱지처럼
몸통밖에 없어도 갓 하나는 쓰고 싶어
나는 잎새, 나는 송이, 알광대, 미치광이,
몸부림하듯이 이름표를 붙이려고
쓰러진 나무둥치 정한을 파고들어
꽃이 되지 못해서 속 끓이고 있구나

슬픔을 끌어당겨서

 언 손을 끼워 둔 채 문고리를 당기다니, 내가 내 손가락을 끊으려 하다니, 핑계 삼아 흥건하게 마음 놓고 울었다, 소설의 주인공 기구한 운명을 내 팔자라 여겼을까, 나를 위해 운 적은 한 번도 없었는데, 비워 놓은 자취방에 연탄불을 피울 때면, 타다가 꺼지고 타다가 다시 꺼져, 뜬눈으로 새웠던가, 젖어 있는 아궁이도 나 몰라라 하였던가

 처마 끝에서 처마 끝으로 하늘이 맞닿은 곳
 서울에도 산동네에 깜박이는 불빛들
 네 활개 휘저어도 모래 한 알 잡히잖는
 수정보다 맑고 깊어 푸른 겨울밤
 슬픔이란 슬픔은 모두 끌어당겨서
 평생에 흘릴 눈물 바닥이 나게
 약을 주워 먹은 듯이 편안하였다

산다화 피어나고

필 때 피더라도 소문나지 않게
질 때 지더라도 허술하지 않게
다시는 안 볼 듯이 돌아서지 말고
낙화암 궁녀들이 첨벙첨벙 들어가
백마강 물결 속을 두 눈 뜨고 쏘아보듯
허물도 가볍게는 흩어지지 않게
봄가을 다 보내고 동지섣달에
비단실 감듯이 입던 옷 개어놓고
정한 피 뚝뚝 산다화는 피어나고
꽃은 오직 한 송이뿐, 산다화 피어나고

비로소 시작하리

　벽 속에 유폐했는가 왕자처럼 모셨는가, 옥탑에 가뒀는가 보옥처럼 숨겼는가, 연자 맷돌 짊어지고 조리돌림을 당해도, 뚫고 일어나리 일어나 늑대처럼 울부짖으리

　날마다 울어서 좁아들고 울어서 덜어내도
　어디서나 동서남북 어디서나 춘하추동
　하루 세 끼 밥처럼 아무도 모르게 시드는 꽃처럼
　흙발에 짓밟히는 손수건처럼
　지루한 영원은 읊어대지 않으리
　빛나는 고독의 아스라한 절정을 아는가

　집을 벗어나 국경을 넘어, 넌덜이 나는 궁창을 내려다보다가 돌아오지 않으리, 엄혹하고 신산한 벽을 부숴 날으리 유랑하리, 천신만고의 행방불명 비로소 시작하리

물의 표정

누구는 물의 표정을 고요라고 하고
어떤 이는 그래도 정결이라 하지만
나는 또 하나 순종이라고 우긴다
거슬러 흐르는 걸 본 적이 없으므로
앞 물을 따라가며 제 몸을 씻는 물
영원의 길을 찾아 되짚어 오는 물
돌아오기 위해서 불길 위에 눕는 물
물의 온도는 봉헌과 헌신
이슬로 안개로 그러다가 강물로
온몸을 흔들어 겸허히 고이는
물의 내일은 부활
조용한 낙하

책을 덮었다

  시루떡을 자르고 두부를 썰 듯, 걸핏하면 목숨을 베었다고 자랑하는 주인공, 나는 두려워서 읽던 책을 덮었다, 책을 덮고 쓰러지듯 그 위에 엎드렸다, 오직 하나 무릎 꿇어 의지하고 싶던 책, 두께를 살피고 귀를 막고 뚜껑을 눌렀다, 책을 덮는 내 손, 봉숭아 물들인 손가락이 파르ㄹ 떨리는데, 지는 것은 씻지 못할 죄악이요 부끄러움이라는, 이기는 것만이 살길이요 진리라고 우기는 오래된 역사책의 페이지를 덮었다

  큰비에 휩쓸린 상수리나무, 떡갈나무가
  무너진 언덕 위에 마른 잎을 덮듯이
  책까지 치우고 사방을 둘러보니
  이 세상에 아무것도 남아 있지 않았다

봄산

황사는 잠시 잠깐 주저앉았는가
볕살이 주춤주춤 눈치를 본다
베란다 문을 열면 4월은 초순
무거운 외투 자락 단추만 풀면
바람은 제법 건들거린다
산짐승이 지켜 섰던 엄동의 숨소리
누르고 참아오던 내 기침 소리도
밀려가나 보다, 견딜 장사 없구나
팔다리 힘을 빼고 걸터앉아서
일없이 멍청하게 바라보는 대모산
그렇지, 봄이네, 저것 봐 봄산이네
고슬고슬 말라서 가벼운 빨래

섭섭하지 않게

거둘 때는 한 귀퉁이 남겨 두거라, 떨어진 이삭은 나그네의 몫, 더러는 흘리면서 지나가도 좋다 날던 새도 잠시 내려 앙증맞은 발로, 땅 위를 걷고 싶게 섭섭지 않게, 이렇게 살맛 나는 세상도 있다고, 두루두루 안심하게 넉넉하고 푸근하게

이슬 내린 마당은 보드랍고
별빛 깔린 두엄자리 피어나는 훈김
고맙습니다, 누구를 불러 대접해야 할까
설거지를 말끔하게 끝낸 것은 아니겠지
말 매었던 기둥 아래 말똥 하나 없게
아주 깨끗하게 피 한 방울 안 나게
반들반들 똑똑하게 끝낸 것은 아니겠지

솔개처럼 떠서

두 번 다시 안 볼 듯 떠나왔다가
죽으면 선 채로 그냥 죽을지라도
어찌 다시 돌아가나, 나는 못 하리
한 마리 눈먼 솔개처럼 떠서
허공을 매질하는 모진 바람에
감감하게, 잠겨서 귀신도 모르게
평생에 오직 한 번밖에 없는 순간
깊은숨 내리 쉬고 다시 들이마시며
눌러둔 피 울음은 몰래 삼키리
꽃처럼 푸르게 촛불은 흔들리고
문밖은 여전히 알 수 없는 세상
들녘에는 소리 없이 키가 크는 나무

시간이 되었다고

　보리밭을 둘러보러 들판에 나갔었지, 땅은 무던하다 얼었던 찰흙덩이, 가시덤불 엉겅퀴도 끌어안고서, 씨를 품고 두 팔 벌려 가슴을 문지른다, 지난겨울 집을 나와 떠도는 나를 불러, 움 틔울 때 되었다고 흔드는 시늉

　그물 기워 바다에 갈까, 거름 지고 들로 갈까
　출렁대며 가볼까, 헛디디며 가볼까
　파도는 울렁대고 새 떼는 수평선을 차고 오른다
　정말로 지금일까 나는 아직 아닐 거야
　개펄인가 수렁인가 발목이 시린데
　날아오른 새 떼는 군무를 추는데
　시간이 되었다고 이랑마다 모여 흘러가는데

펀펀 대낮, 긴긴밤

해가 저문다 도시의 집들은 어깨를 걸어
나란히 먼지 속에 주저앉는다
내일은 내일이고 오늘은 오직 한 번
연습은 끝났다, 단 한 번의 퇴장
빨래를 걷을 때는 탐스럽던 해가
오동나무에 비스듬히 걸쳐 있더니
국그릇을 씻는 사이 스크린이 바뀌었네
그가 처음 내게 무엇이라 말했던가
떠나기 전 그에게 뭐라 당부할 것인가
허리 꺾어 절하면서 작별하고 싶었는데
주름지고 옹이 박힌 두 손을 거머쥐고
미안했다, 용서해라, 모두 내 잘못이야
박정하다, 말 못 하고 저물어 버린 오늘
보내버린 펀펀 대낮, 묶여버린 긴긴밤

준비는 되었는가

 떠날 준비 되었는가 꾸어 쓴 돈 갚았는가, 내가 먼저 응어리 풀어 용서를 빌었는가, 마지막 인사는 미룰수록 좋다, 구정물에 담갔던 손 헹구어야 하니까, 얼음 벌판 눈보라도 가뭄과 해일과 폭염이라도, 계절은 언제나 꽃다발 앞세우고 행군하며 왔지

 타오르며 쏟아지던 절정의 여름
 날마다 저녁 강변 축제의 나팔 소리
 은하수 어떤 별은 땅 위로 내려와서
 나랑 함께 눌러살 듯이 눈짓도 하고
 노숙의 거리 흥건하던 웃음소리
 그래도 끈끈했던 한철 아니었던가
 솟았다가 빠졌다가 기울어가는 해
 내년에도 틀림없이 다시 만날 텐데
 네 마음은 어떤가, 나와 같은가

원천리에서

바람은 은회색, 미끄러지면서 불었다
앞산의 머리카락을 헝클어뜨리고
삼거리 납작한 골방은 외풍이 심했다
지나가는 불빛에도 흔들리던 훈김
제대로 날지 못해 헛발질만 하면서도
해마다 오는 봄을 버릇처럼 기다렸다
옷자락 갈피마다 묻어 있는 시간의
갈라진 손톱 끝 시리고 아픈 기억
얼었던 웅덩이엔 물안개가 어려도
두드릴 문들은 헐어버린 빈집처럼
알던 얼굴 하나둘씩 떠나간 거리
내일 아침 밝으면 설마 소식 있겠지
찬물로 씻은 듯한 동백꽃은 피어나도
오래 참던 목울음이 터질 것만 같았다

우리는 어차피 나그네니까

 종착역에 내리면 타관의 객사가, 기다리다 졸린 눈을 껌뻑거리고, 터미널 근처에 늘비한 호텔들은 알퐁스, 프린스, 테라스, 멋들어진 이름들, 하기야 우리는 나그네니까

 신도시 개발 현장 을씨년스런 빈터에도, 임시로 칸을 막은 숙소들의 불빛, 강가의 언덕에도 산 아래 숲속에도 새처럼 날아가는 러브호텔이, 하기야 우리는 떠도는 신세니까

 사립 열고 들어가 안방 문을 열어도, 임시의 빈집들은 덜컹거리는데, 발 뻗고 눈 감을 집은 어디 있는가 하기야 우리는 나그네니까

배꼽

아비는 다섯 아이 탯줄을 제 이빨로 끊었단다
이 세상 연장이란 믿을 수가 있어야지
안심할 수 있는 것은 제 입속의 톱날밖에
아비의 용심, 아비의 뚝심, 아비의 체온으로
깔끔하게 피를 훑어 배꼽 타고 흘린 후에
인감도장 누르듯이 자국도 선연하게
내 새끼야, 내 새끼야 천금 같은 내 새끼야
아비는 제 이빨로 다섯 아이 탯줄을 끊고
그래서 그럴 거야 아이마다 틀림없어
배짱 두둑하고 힘줄도 울근불근 무서울 게 없어
그 아비 살다살다 설령 삐끗하더라도
삐끗하여 엉뚱하게 헛소문에 시달려도
이것 보소, 이것 보소, 우리들 배꼽 보소,
우리 아빠 여기 계시니 어서 만나 보시오
새끼들이 들고 일어 단판을 짓는단다

저마다의 색깔로

헬싱키 중앙역 광장에는 갈가마귀 몇 마리
유난히 휘저으며 낮게 날고 있다
땅에나 하늘에나 금을 긋진 않았어도
새들은 만방의 언어에 능통해 있는가 봐
비둘기도, 갈매기도 흥허물없이
북유럽 안개 낮게 깔린 박물관의 지붕과
이름 모를 동상과, 기념비 위로
산새 들새 바닷새들 제 색깔을 번득이며
어디 태생인가 묻지 않고 모이를 나누고
한가하게 뒤뚱거리며 부리를 닦는다
어디서 와서 어디로 가든 자유로운 새들은
구릉을 넘어온 바람의 색깔로
그 위를 스치는 일광의 색깔로
아무 걱정 없이 부리나 닦는다

긴 카디건을 늘어뜨리고 천천히 걷는
훤칠한 키의 북유럽 여자들은
대지의 기운을 빨아들인 올리브 색깔로
밀밭 색깔 물결 무늬의 큰 가방을 메고

골목길을 성큼성큼 서둘러서 사라진다
헬싱키 중앙역 광장 여행객들은
갯내가 나는 사람은 바다의 색깔
흙내가 나는 사람은 들판의 색깔
주고받는 손짓 발짓 저마다의 모국어

지금은 나무들이 기지개 켜기도 바쁜
초여름 아침나절
솟아오르다가 숨 고르고 다시 솟아오르는 아침

제3부

눈 하나 뜨고 산다

   그들이 나를 알고 싶은가보다, 뽑아내는 말들이 꼬아놓은 금실인지 지푸라기인지, 내 오장육부를 제 것처럼 쓰고 싶은가보다, 맺고 끊듯 절절한지 간곡한지, 입맛은 짭짤한지 매콤한지, 하루에 몇 번씩이나 울고 웃는지

   하기야 나도 몰라 내게 묻는 말
   나 지금 서 있는가, 서서 무얼 하는가
   흙밭에 서면 뿌리내릴 수 있는가
   웅크렸다 죽지 펴면 날 수 있는가
   마늘 먹고 물 마시고 둔갑할 수 있는가
   그러다가 눈 감으면 갈 수 있는가

   망망대해에 던져졌는데, 왜 이렇게 손가락 하나 까딱할 수 없는가, 세상에 어찌 헛것만 있으랴 넋만은 지켜야지, 죽을힘 다해서 눈 하나 뜨고 산다

흐르자던 말

나중에 혹시라도 만나고 싶으면
어디서든 물이 되어 흐르자고 했다
흐늘흐늘 살과 뼈 녹아 없어진 후
담기면 담긴 대로 끄덕이자 했다
열두 번 막혔다가 열두 번 터졌다가
느릅나무 그림자도 물결 위에 어리고
소나기도 한바탕 천둥소리 섞어서
저물녘 노을 안고 만난다면 좋겠지
삼십 육방 갈림길 엉키지 말아야지
물이 되어 흐르는 일 쉬운 줄 알았는가
그래도 만나려면 흐르자던 말
곤두박질 흘러서 물이 되자 하던 말

길 끝으로 가는 길

　길은 사방으로 뚫려 있을 것입니다, 그 길을 따라서 가겠습니다, 맥을 짚듯이 순행하는 길로, 끝에서 끝으로 가겠습니다, 누가 오라 오라고 내 이름을 불렀을까, 거대한 손바닥 손금을 따라가듯, 가로수를 따라서 가겠습니다, 부르는 소리 따라서 가겠습니다

　고대하던 기별처럼 가겠습니다
　햇불은 타오르고, 불빛을 따라가면
　흥얼흥얼 노래하며 갈 수 있을 겁니다
　길 끝은 구렁처럼 패여 있기도 하고
　벼랑이나 낙원으로 통하기도 하지만
　길 끝에선 고단한 어깨를 얹어
　목화꽃 같은 손길을 기다리는 곳
　처음 찾아가는 길도 낯설지 않고
　짐승을 만나도 두렵지 않습니다
　설마 도둑이 있을까요
　있으면 가진 것을 나누겠어요
　길 끝에는 당신이 기다리고 있으니까

내 속을 들여다본다

남의 속을 구경하듯이 멀찍이 누워서
끔찍하다, 내가 내 속을 들여다보다니
숨을 들이쉬고 내쉴 때마다
결을 따라 오르내리는 정직한 오장육부
부드럽게 사리고 기다리는 분홍의 창자
네가 수고하여 나 지금 여기 있으니
나는 너를 끌어안고 청산까지 가고 싶다
하루 세 끼 내가 삼킨 허접스런 잡동사니
한 마디 불평 없이 녹여낸 네 덕인데
별 탈 없는 것이 내 공인 줄 알 뻔했네
한 길 사람 속을 꿰뚫어 보는 세상
저게 내 속이라 어찌 난들 믿을까만
양심인지 흑심인지 뒤집어 볼 수 있는
밝고 편해질수록 숨을 데가 없는 천지

그대 쫓기듯이 왔는가

 엎어지며 자빠지며 여기까지 왔는가, 그대 있던 자리는 적막으로 패였겠다, 껍질 벗어 밀어내기 아픈 씨앗처럼, 꽃잎 으깨어서 뜨거운 노을처럼, 어느 과녁 그늘 믿고 여기까지 왔는가

 한밤의 피리 소리 여울물 소리
 길고 긴 혼돈 건너 여기 멈춰 선 사람
 상처 난 가슴을 소금으로 문지르는
 그대여 쫓기듯이 왔는가
 땀 흘리며 왔는가, 피 흘리며 왔는가
 젖은 이마, 가쁜 숨결, 두 다리를 뻗게나

 버리는 일도 짊어지는 일도 거기서 거기, 넘치거나 모자라도 거기서 거기, 그대 정녕 왔는가, 이제는 다시 울지 못하네, 되돌아갈 수 없는 길이 바른길이네, 쓸쓸하단 말은 설익은 푸념일세

안과 밖

문밖의 당신이 쫓겨난 게 아니라면
울안에 있는 나도 갇힌 게 아닙니다
저지른 죄 없으니 편안하시겠지요
한 발만 삐끗하면 눈먼 벼랑이지만
창천으로 뻗어가는 유월의 나무
달라진 건 없이 옛날 그대로
밤낮으로 익힌 버릇 타고난 대로
소란통에 지켜온 염통 쓸개 그대로
황소 같은 버릇으로 견디시다니
안과 밖 통하는 샛문 중문 대문에
열 손가락 손톱으로 긁어서라도
살아 있는 날마다 문을 뚫는 일
일주문 솟을대문 밤낮으로 뚫는 일
하늘 땅 물길 갈라 문을 만드는 일

어찌 강물뿐이랴

　흐르는 게 어찌 강물뿐이겠는가, 돌아선 시간은 어둠에 묻히지만, 흘러간 강물은 돌아올 것이다, 나무들이 가지 뻗어 어린잎을 건사하듯, 작년에도 봄가을 내년에도 봄가을, 징 치고 막 내렸어 해산할 시간이야, 막 내리면 절벽인 듯 끝판인 듯 말하는가, 비밀처럼 4막은 막후에서 열릴 거야

　　티그리스, 갠지스, 갈릴리, 검은 바다
　　마른 수초 긁어모아 봉홧불을 놓아야지
　　오래 묵어 잊을 뻔한 이름을 불러
　　두드리면 열리는 좁은 길을 가야지
　　흐르는 게 어찌 강물뿐이랴
　　함부로 종언을 서둘지 말아야지

몸을 부리다

등짐을 부리듯이 굳은 몸을 눕혔다
이제는 다리 뻗고 누워도 될 거야
오그렸던 열 손가락 펴도 될 거야
속삭이는 소리는 귀먹어서 모르고
백로 지나 추분으로 내달리는 시간
이제는 숨을 몰아 말해도 될 거야
키를 넘게 억누르는 밀물도 있었다고
맺힌 것 풀어 놓고 잊고 싶은 일들
천근이나 되는 짐을 어찌 짊어졌던가
마지막 결심으로 단판이라도 하듯
지탱하던 몸을 구들 위에 던졌다
세상이 아주 작게 오므라들었다

무명베 걸친 며느리들은

 유채꽃 4월에 경주에 갔었어, 교촌마을 골목길은 덕망의 거리라지 그렇지, 이 거리에 이름난 부자 살았다지, 작은 자에게 긍휼을 베푸는 큰손의 가풍이 고조할아버지와 고조할아버지의 12대 후손까지, 사방 백 리에 굶는 사람 있을까 봐

 무명베 걸친 며느리들은 부뚜막을 지키고
 그들의 자식과 자식들의 자식들은
 흉년에도 헐한 땅을 사들이지 않았다지
 부잣집 앞 식당에서 점심을 먹을 때
 아까워서 밥 한 톨도 흘리지 않았어

 돌아오며 함월산 기림사에 들렀더니 '산사에서 얻은 행복과 쓰레기는 가지고 가세요', 해우소가 하는 말을 거스르지 않았어, 행복이야 물론 저축하지만 쓰레기도 가려서 버리기로 했어, 교촌마을 그 사람도 그러라고 했어

답장이라도 씁니다

편안하게 바라보면 태산목의 정수리
가슴 쓸어 아늑하게 깊은숨 내쉬면서
어제 받은 편지의 답장을 씁니다
내게는 그 말씀이 과분하다고
그리 좋게 여기시니 고맙다고 씁니다
부르면 밝은 귀로 듣고 이내 대답하듯
다른 일은 못 해도 답장이라도 써야지
내가 하는 대답은 능수버들 가지처럼
뜨는 해 지는 달이 포근하고 따뜻해서
내 어린 분수로도 그대 아주 큰 그늘
누구 마음, 어떤 마음 가슴 깊이 새기며
미안합니다, 고맙습니다, 덕분입니다
혹시라도 '용서하소서' 사죄하게 될는지
가다가다 '그립습니다' 고백하게 될는지

어제부터 내일까지

기다리던 오늘은 번개처럼 어제가 되었다
살아볼 사이도 없이 놓쳐버렸다
나는 왜 오지 않는 물결에 온몸을 기울이나
몽환 중의 허깨비 같은 나를
나도 모르게 휩쓸고 지나간 그들
어제는 옛날, 내일은 수수께끼, 알 수 없는데
오늘은 어디 가서 궁전을 짓고 있나
찬란에 눈멀기는 아직 이른데
환성에 속아서 귀먹으면 안 되는데

흔적 없이 가버리는 오늘이 억울하고 허망한가, 아니다 골백번 너그러운 일이다, 어제가 내 잘못을 모르는 척 눈을 감고 지나가서 나, 이만큼 살아남았다, 내일이 나를 용서하고 와 주어서 나, 이만큼 편안한 것이다

나중에

어머니는 늘 '나중에, 나중에'로 미루었다
먼 훗날 네가 크고 자~알 살게 되면
그 통에도 꼬박꼬박 날짜는 흘렀는데
옛날보다 나는 크고 자~알 살게 되었는가
나중을 기다리던 어머니는 떠나시고
'나중에, 나중에'를 어디 가서 찾을까
나중은 깊은 절간 요사채에 붙잡혔나
나중이 오는 길은 문턱이 닳고 닳아
철통같은 궁성 안에 보신하고 있는가
오는 길 미끄러워 되돌아가 버렸는가
서슬 푸른 눈으로 말총 갓 눌러쓰고
어디에 비켜서서 나를 보고 있는가

비를 맞고 서 있는가

　날갯죽지 오그리고 널을 뛰더니, 어째서 꿈길에 비를 맞고 서 있는가, 맨발로 얼음판을 누비겠다 하더니, 이제는 잊었어도 놀랄 일도 아닌데, 혹시라도 죽기 전에 남길 말이 있는가

　겉보리 서 말 없어서 처가살이 간다더니
　제풀에 나를 보면 부끄러워하던 사람
　끝끝내 못 살고 쫓기듯이 나온 사람
　애초부터 바람을 짊어졌던 사람
　그중의 반도 넘는 흑싸리 빈껍데기
　덧셈도 뺄셈도 할 줄 모르는 사람
　닿지 못할 높이의 구름이거나
　아득한 모래성의 신기루거나
　그래도 어째서 꿈길에 서 있는가
　왜 불쌍하게 비를 맞고 서 있는가

약과 독

장안에서 이름난 집에 그들은 모여 앉아
점심 먹고 차 마시고 말 보따리 풀어놓고
너나없이 다투어 약봉지를 꺼내 들었다
아프단 말은 숨겼겠지, 내놓는 적 없더니
별 탈 없다 무사하다 제법 떵떵거리더니
하기야 무쇠라도 견딜 장사 없을 거야
그 세월에 낡은 몸 손볼 데도 많을 거야
식후 30분에 하루에 세 번
숙제를 완성하듯 그들은 일제히 삼켰다
혹은 약이 될 독을,
혹은 독이 될 약을

왜 하필

 무슨 일로 걸핏하면 울고 싶다 하시는가, 해는 벌써 저물어 바랄 일도 없고, 세상은 오로지 웃으려고 생긴 듯이, 울어서 되는 일은 없는 줄 알았는데, 연속극의 주연 배우 소설의 주인공도, 수레꽃 같은 잎사귀만 흔들다가 퇴장하고, 무서워라, 서늘해라, 불한당 같은 세상

 목을 묶어 매달까, 독을 마셔 죽을까
 동서남북 둘러봐도 죽을 곳이 마땅찮아
 잘못 훌쩍거리다가 짓밟히고 말 거야
 두 눈 부릅뜨고 살던 대로 살아야지
 무슨 일로 어째서, 눈물을 자초하나
 눈물이 진주보다 아름답다 해도
 젖혀두고, 젖혀두고 왜 하필 당신인가
 젖혀두고, 젖혀두고 왜 하필 내 앞인가

나일강

그 후로도 나일강은 저 혼자서 흘렀지만, 첫아이 태몽은 나일강에서 모포기를 꽂으면서 시작되었다, 이른 아침의 햇살은 찰랑대는 금빛이었고, 내 젊은 날의 손가락은 희고 윤택했었다

강이 범람할수록 삼각주는 자라나고,
나일강은 난생처음 믿음직한 못자리
땅 주인이 뒤늦게 옥답을 둘러보듯
안개 피어오르는 보라색 물결에
나 이제야 돌아와 두 손을 담근다

강이 흐르다 멈출지라도, 강이 낯설어 돌아설지라도, 미안하다 나일강 무슨 얼굴 있어 너를 탓하랴, 강을 따라 불을 밝힌 도시의 뒷골목에, 넓은 세상 휘돌다 온 바람도 멈추는데, 맑은 수련 한 송이씩 물결 위에 띄워야지

바다가 보이는 풀밭교실

그해 여름 우리 교실은 바다가 보이는 풀밭이었다
바다 건너 제련소의 굴뚝에서는
하얀 연기가 머리 풀고 하늘로 올라가고
진종일 파도 소리 음악 같던 군산 공원
따라 부르기만 했던 음악 시간이면
선생님은 소리소리 질러서 선창하였다

'여름 저녁 불던 바람 잠 바람 꿈 바람, 호박꽃이 소록소록 잠이 들었네'

작년 여름, 캐나다로 이민 간 친구를 만났을 때 추억을 함께 부르다가 조용히 부르다가 점점 크게 부르다가, 오랜만에 웃고 싶었는데 눈물이 쏟아졌다

6.25 난리도 지나간 다음
그해 여름 우리 교실은 풀밭이었다
풀밭에서 배울 것은 참으로 많아서
꽃 이름을 외우다가 잠자리를 잡다가
오락 시간이면 구경꾼들에 싸여서

"꽃과 같이 아름다운 나의 사랑 에레나씨"
멋지고 구성지게 유행가를 부르던 남자아이,
앵콜, 앵콜, 덩달아 넋을 놓고 있다가
우리는 도시락을 번갈아 가며 잃어버렸다
너도나도 오로지 밥이 그리웠던 시절, 어머니는
"배고픈 사람이 가져갔으니 괜찮다" 했지만
보리밥에 무짠지
그 밖에 또 무엇이 들어 있었을까

선생님은 날마다 그림을 그리라 하고
크레용도 도화지도 없이 연필로만 그리는 그림
풀밭에서 바라보던 우리들의 멀고 먼 내일
지금도 그 시절이 그리우면 돛단배를 그린다
돛단배를 타면 세계로 갈 수 있겠지
순풍 타고 떠나면 도착할 수 있는 나라와 나라
선생님은 날마다 장래 희망을 말하라 하고
이순신 장군도 되고, 유관순 열사도 되고
에이브러햄 링컨과 퀴리 부인이 될 수 있었던
풀밭에서 그리던 요요한 미래

창창하고도 거룩했던 우리들의 꿈

여름 저녁 불던 바람 잠 바람 꿈 바람 호박꽃이 소록소록 잠이 들었네

제4부

외갓집

언덕에서 내려다보면 콩나물고개의 구부러진 신작로가, 가물가물 아지랑이 속에서 꿈틀거렸다, 사철 계피 냄새 배어 있는 외갓집에는, 골단초 맥문동이 뒤뜰에 무성하고, 구기자는 비탈에서 다리 뻗고 자랐다, 약봉지 쏟아질 듯 아슬아슬한 천장 아래서, 할아버지는 내게 먹을 갈라 이르셨다 '진득한가 건성인가, 먹을 보면 아느니라'

    스무 살 외삼촌, 하나뿐인 외아들을
    모진 폐병으로 앞세워서 보낸 후에
    동네에서 엄하기로 이름난 할아버지는
    골병이 들어 한약방 문을 걸어 잠갔다
    저녁마다 모여들던 동네 애들 야학당
    명심보감 한 구절씩 읽고 외워 쓰면
    영신환 두 알씩 상으로 주던 학교
    꺼질 듯이 조심조심 외갓집 가던 길
    어머니 손을 잡고 외갓집 가던 길

밥은 붙었더라

'그 애 얼굴에 밥은 붙었더라'
이것이 나를 훑어본 그들의 담론이었다
구겨지고 무너진 콧대, '밥은 붙었더라'
밥밖에 다른 것은 볼 것이 없더라는
씹을수록 심중이 편치 않은, '밥은 붙었더라'
하루 세 끼 밥 같은 건 아무것도 아니라는
밥 말고도 붙어야 할 건 하나둘이 아니라는
밥사발처럼, 밥주걱처럼, 밥통처럼,
멍텅구리 같은 것, 아무것도 아닌 것이
불쑥불쑥 일어나서 콧대를 꺾으려나
밥이라도 붙었으니 굶어 죽진 않겠지
떼어내면 다시 붙는 숟가락이나 눌러
그럭저럭 산다는 건 우스운 일 아닌가
밥심 내어 따져 볼까, 못 들은 척 넘어갈까

잊어버리세요

   생각나더라도 깡그리 잊으세요, 바닥까지 빠지다가 바닥이 되어도 좋습니다, 잊어도 좋을 것은 절로 녹아 무너지고, 잊어서 안 될 것만 물구나무섭니다, 벌떡벌떡 일어나 천장을 뚫습니다

   지키지 못한 약속, 미뤄둔 시간
   책갈피에 끼워둔 채 삭아버린 이름
   그러다가 어느새 떠나온 도시
   찾으면 번지가 달라진 동네
   숨결에도 바삭바삭 부서지는 것들
   그것은 이미 고전이 아닙니다

   천행을 바라나요 앞으로 걸으세요, 녹아버린 무쇠 메워진 웅덩이, 산천은 날 데리고 여기까지 왔습니다, 희망은 희망으로 걸어두세요, 여일하지 않아도 알아볼 수 있습니다

그까짓 고뿔

그까짓 고뿔은 병도 아니라는데
오뉴월 감기는 개도 피한다는데
걸핏하면 하찮은 것에 무릎을 꿇는다
그까짓 감기에 눌려 엄청난 것을 버리고
그까짓 것에 파묻혀 갈 길을 잃는다
내가 깔보는 그까짓 것들의 세상
내가 무심했던 그까짓 것들의 가공할 힘
콧물 얼룩진 얼굴로 여름감기에 헐떡이며
감기感氣라고? 기운을 느낀 자로서 의심한다
문화, 학덕, 자존심은 감기와 어떤 관계인가
그렁그렁 가래처럼 답답한 일에 맞서야 할까
찝찔한 콧물을 닦아내며 복종을 서약할까
한 사흘 약으로 땀을 뺀 후 눈치껏 빠져나올까
생각할 것 많아라, 나를 공부시키는 그까짓 고뿔

뜨거운 눈길로

 장지로 가는 새벽은 안개로 질척거리고, 침묵만 밀랍처럼 끈끈하게 엉기었네, 확실한 것은 암벽 같은 종말이 있을 뿐, 합격자를 호명하듯 그대 이름을 불러, 창호지 펴놓고 항아리를 쏟아부어, 키 163센티 체중 45kg의 당신을, 허리 굽혀 절하면서 뵈라 하였네

 흔들리지 않고 가지런히 걷던 몸이
 연회색 뼛가루 겨우 두 홉 반이라니
 뜬눈으로 밝힌 밤의 피와 눈물 받아서
 남몰래 안고 뒹군 아픔도 말라붙어
 불바다를 건너와 더욱 성결한 그대

 그대는 뜨거운 눈길로 내려다보고 있는데, 측은한 안색으로 듣고 있는데, 걱정하지 말아요, 나는 괜찮아요, 나는 괜찮아요 말하고 있는데

이 핑계로 저 핑계로

당신을 묻고 오는 길에 배고픈 줄도 알아
끼니 찾아 태연하게 자리 잡고 앉아서
메뉴판을 훑어보고 권하기도 했습니다
목구멍은 살가워서 주는 대로 입에 넣고
물이 찬가 뜨거운가 가려가며 마셨습니다
그새를 못 참고 농담하면 따라 웃고,
여기가 어디라고, 지금이 몇 시라고
말짱한 정신으로 오만 간섭 다 하면서
정말로 죽었는가, 어디 몰래 숨었는가
바로 지금 문을 열고 들어설 것 같은데
남은 이는 남았으니 살아가겠지요
가슴이 답답하면 주먹으로 문지르고
긴 숨 짧은 숨 들이쉬고 내쉬면서
이 핑계로 저 핑계로 살아가겠지요

살아 있기 때문이다

 이상한 일이다, 부엌에만 서면 허리가 아프다, 밥사발 두어 개 국대접 두어 개 설거지 끝내고 행주 빨아 널 때까지, 끊어져 아주 없어지지는 않고 참고 견디면 견딜 수도 있을 만큼, 그러나 견디기 싫을 만큼

 컴퓨터 자판 앞에서 이젤 앞에서, 타클라마칸 모래 산을 오르거나, 돌길을 걸어서 엉뚱한 나라 카르낙 신전, 나와는 아무 상관도 없는 오래전에 죽고 없는 왕들을 만날 때 그때는 없었던 허리가 왜 생기나

 끼니때는 하루에도 몇 번씩 돌아오고 별것도 아닌 것을 끓여내면서 수도꼭지를 있는 대로 틀어놓고 짜증을 내는, 나는 아직 살아 있는가? 살아 있기 때문이다, 하루에도 몇 번씩 살아 있다는 걸 잊어버린다

남포역

선창에서 배를 타면 장항역에 내려
서울행 완행열차 기다리다가도
차마 섭섭하여 남포역에 내렸다
허름하고 납작한 목조 건물 대합실
초록 깃발 흔들고 호각 한 번 불면
멈췄던 기차가 갈 길 알아 출발하던
달개비꽃 색깔인가, 쪽빛 포구 남포역
"친정 조카랍니다"
고모가 읊조리던 친정이란 그 말이
눌러둔 자랑처럼 절절하게 파고들던
두엄자리 박꽃이 눈부시던 곳
그날의 남포역은 아무 데도 없다

근조 리본

 도열한 흰 국화는 '근조' 리본을 목에 걸고, 이백몇 인가 삼백몇인가 세다가 잊었다, 멀쩡한 정신으로 나는 무슨 짓을 하고 있나, 지상의 후회를 닦으려고 오셨겠지, 누구나 한 번은 떠난다고 아무것도 아니라고, 먼저 가시라고 후에 다시 만나자고

 어머니 가실 때 불침번을 서신 분들
 십 년도 넘은 오늘 사무치게 고맙다
 "허울이고 헛짓이다, 폐가 될 뿐이다"
 어머니가 내게 잘못 이르셨을까
 죽은 자의 체면과 산 자의 위세와
 산 자의 능력과 죽은 자의 영광과

 천 번이고 만 번이고 내 잘못이지 부디 영면하소서, 용서받지 못할 내 불효가 선연하게, 선연하게 피 뿌리고 서 있는 저녁

늦은 고백

아랫돌 빼어 윗돌, 윗돌 빼어 밑바닥
굶었어도 배부른 척, 없어도 있는 척
내 속을 있는 대로 뒤집어 보입니다
들킬 것 미리 털어 가볍습니다
가슴의 찌꺼기 십 리 난장 늘어놓고
이젠 짐 줄이고 편히 가고 싶습니다
모두가 내 허물, 어리석음이지만
털어봐도 소용없는 후회뿐이지만
아무도 귀 기울이지 않을지라도
늦었지만 혼자라도 고백하고 싶습니다
홀가분한 몸으로 도모할 일 없어도
빈방에서 고백하다 잠들고 싶습니다

마지막

 바람도 없는데 집안은 한기로 출렁거렸습니다, 막힌 줄도 몰랐던 파이프에서 새어 나온 절규, 죽음을 이기려는 마지막 숨소리, 다시는 당신의 더운 이마를 짚을 수가 없습니다 "지금 어디가 제일 편찮으세요"

 말로 통할 수 없는 고통이라니
 허망이란 최후에 남아 있는 침묵
 당신이 벼르고 벼르다가 때를 골라서
 광풍을 한바탕 휘몰고 가신 후에야
 붉은 피를 닦아내며 깨우쳤습니다

 뿌리째 뽑혀서 흔들리지 않을 때야, 당신이 뒤척이던 처절한 손짓이, 참으려고 악물었던 마디마디 숨소리가, 마지막을 알리는 웅변이었다는 것을

정답

골방에 뒹구는 시든 감자 같다고 썼다가
그래도 이만하면 수수하다고 고쳐 썼다가
거미줄 얼기설기 금이 간 물독처럼
글 배우는 아이의 연습장처럼,
거덜 나서 위태로운 살림살이처럼
손톱자국 얼룩진 그 애의 얼굴
졸업하고 성냥공장 취직한 정례
월급 타면 운동화도 사 신겠다더니
이제 그깐 것은 꿈도 아니겠지
그러면 됐다, 알았다 정답을 적었다
희망이라 적었다, 아무 걱정 없다
날아갈 것 같다

이상한 하루

 더는 줄일 수도 막을 수도 없어서, 이승 저승 슬픔을 한데 몰아서, 그의 명패 앞에 머리를 숙였다, '조문 불가' 일렀어도 눈치껏 모여들어, 산 사람은 정신 차려 살아내야 한다고, 굳었던 입을 벌려 미망인을 위로하고, 어떻게 살아가나 방향을 가늠하다가, 마스크를 내리고 국밥 먼저 먹었다

 얼핏얼핏, 얼굴 구겨 아는 체는 했지만
 어떤 이는 손을 내밀어도 고개를 젓고
 어떤 이는 구석에 박혔다가 서둘러 갔다
 우리는 거대한 지배자에 비겁하게 굴종하며
 눈치껏 대충대충 모르게 헤어졌다
 돌아오는 전철에는 벙어리뿐이었다

시간과 시간 사이

하필 그때 장독대에서 항아리 뚜껑을 열고
된장 두 숟가락을 뚝배기에 퍼담고 있을 때
집배원은 말 없이 편지를 두고 갔다
봉투만 보면 안다, 그가 보낸 편지다
우리는 각기 같은 시간에 편지를 받고
같은 시간에 답장을 쓰는구나
내 말을 듣기 전에 그는 하고 싶은 말을 하고
그의 말을 듣기 전에 나는 하고 싶은 말을 하고
상대방의 말을 듣지 않고 제 말들만 하였구나
다른 자리에서 같은 시간에 어긋나는 말들
내가 한 닷새 침묵하지 않는다면
그가 한 닷새 침묵하지 않는다면
장독대의 된장처럼 삭지 않는다면
수수께끼는 수수께끼로
헛소리만 빈 하늘로 뿌리겠구나

한 철 손님

레닌스키쁘로스뺙뜨 몇 번지던가, 시끄러운 철문을 밀어야 열리는 아파트 3층, 창문 아래로는 바람에 물살 짓는 꽃밭이 하나, 아롱다롱 색칠한 나무 벤치 서넛, 그들은 하루 종일 누군가를 기다린다
   3층 지나 5층으로 자작나무는 하루가 다르게 가지를 뻗는데, 알로샤가 지나가고 미하일 안드레이, 안드레예비치, 소냐가 지나가고 나타샤가 지나간다

  이상하다 왜 하루 종일 저들이 판을 치는가
  식탁에는 오이무침, 미역국
  한국식으로 뱉어내는 마른기침 소리
  저들이 왜 하루 종일 눈앞에서 얼씬대는가
  그렇지, 나는 주인이 아니지
  여기는 모스크바 레닌스끼쁘로스뺙뜨
  나는 잠시 머무는
  여름 한 철 손님이지

나를 어찌 여기실까

학년 초에 나눠주는 가정 환경 조사서엔
'유교'라고 꾹꾹 눌러 선생님께 드리고
친구 따라 크리스마스 예배당에 갔을 때
뾰족지붕, 촛불 아래 흔들리던 라벤다 향기
그 남자가 내게 결혼을 서두를 때
소맷자락 붙잡고 예배당에 갔습니다
그러나 하나님은 나를 어찌 여기실까
시아버지 제사상에 절을 하는 나를
남편이 어렸을 때 세상 떠난 시아버지
만난 적 없어서 그리운 시아버지
그의 제사상에 절을 합니다
다른 신을 섬기지 말라고 하신
부모를 공경하라고도 하신 하나님
나를 어찌 여기실까, 용서하여 주십시오

두 팔을 쳐들고

먼지와 땀내에 벗어 던진 옷에서는
거리에서 거리로 내달리던 흙가루
끝끝내 못 잊겠다, 다진 분노가
오그렸던 전신에 마디마디 퍼져서
정오의 햇살 아래 두 팔을 쳐든다
뒤집기엔 너무 늦은 부끄러움과
흐르면 흐르라지 눈을 질끈 감았던
내출혈의 앙금은 맑게 씻어내야지
구정물은 하수구로 내려갈 것이고
언젠가는 상수도로 돌아올 테지만
그때까지 기다릴 수 있을는지 모르지
쫓기듯이 유서는 쓰지 않을 일이다

짐을 풀고 등을 기대며

무거운 짐을 내려서 풀었습니다
양지쪽 돌담에 등을 기댔습니다
그들은 나를 믿지 않나 봅니다
지나가는 잠시의 손님이라고
쉬었다가 정신 나면 떠날 거라고
임시의 어정쩡한 대합실처럼
어수선한 기억만 허물처럼 남길 거라고

〈관계없는 자 출입 금지〉
아무나 짐을 풀지 말라고 합니다
아무나 등을 기대지 말라고 합니다
사람을 가려서 허락하겠답니다
관계란 무엇인가
나는 왜 아직도 관계가 없는가
나는 언제까지 '아무나'인 사람인가

그래도 짐을 풀고 등을 기댑니다
우선 눈을 감고 생각을 다듬다가
멈춰 있는 자리가 어디인지 두리번거릴 때

왜 하필 여기냐, 만만하게 보이느냐
그들은 나를 마음놓고 다그치다가
엉거주춤하지 말고, 마음을 보이라고
내가 결심하기를 독촉합니다

생각하면 나는 늘 손님처럼 살았습니다
생각하면 나는 늘 망설이며 살았습니다
어느 새벽녘 때깔 좋은 어둠이
모세의 바다처럼 갈라져 큰길을 열면,
바로 그날 도착한 듯 짐을 풀 수 있을까
멋쩍은 등을 보이며 다시 떠나야 할까
나도 아직 모르겠습니다

도망칠 까닭이 무엇인가 싶기도 합니다
그들 중 아무도 나를 섭섭하게 하지 않았습니다
꼭 떠나야 할 것인가 나도 내게 묻습니다
아직도 문밖은 빙판,
모래밭이건 진흙밭이건 뿌리 뻗고 싶은데
나는 자꾸 짐을 풀었다가 다시 쌌다가
짐을 들었다가 다시 놓았다가 합니다

■ 에필로그

나는 왜 쓰는가

이향아

1. 어쩌다가 시인이 되었는가

어쩌다가 시인이 되었는가? 무엇이 나로 하여 시를 쓰도록 하였는가?

몇 년 전, 모 기관에서 시를 쓰게 된 동기를 물었을 때, 나는 '결핍이 나를 연단하여 시를 쓰게 하였다'고 대답했었다. 결핍이 나를 연단하여 시인이 되었다면, 있어야 할 것이 없거나 모자랐기 때문에 시를 썼다는 말이 된다. 나는 그 글에서 결핍이 어떻게 나를 밀어서 시를 쓰게 했는지 대강은 설명했을 것이다. 그러나 시와 60년이라는 세월을 동행하면서, 내가 어떻게 시와 인생의 관계를 조율하며 존속시킬 수 있었는지, 상세하게 밝혀도 좋을 것이다. 그리고 그것은 바로 이 자리가 가장 마땅하고 적합할 것 같다.

가난한 시대를 모두 함께 건너왔지만, 시를 쓰는 사람보다 쓰지 않는 사람이 훨씬 더 많고, 시를 쓴다고 모두 가난하게 사는 것도 아니다. 오랜 시간 시를 써오면서 나는 가끔, '내가 어쩌다가' 시를 쓰게 되었는지, '세상의 하고많은 일 중에서 왜 하필이면' 문학을 선택하였는지, 내가 다시 태어나도 다시 시를 쓸 것인지 생각해보는 때가 있다.

'어쩌다가'라든가 '하고많은 일 중에서 왜 하필'이라는 말이 붙으면 어떻게 보아도 부정적인 느낌이 든다. 그러나 나는 문학의 길로 들어선 것을 후회하거나 한탄한 적은 한 번도 없었다. 만약 문학이 없었다면 나아갈 곳도 없고, 되고 싶은 것도 없었을 것이다. "어쩌다가 시를 쓰게 되었느냐"고 부정적이고 신랄한 톤의 질문을 계속하는 것은, 내게 적절하지 않다. 오히려 거역할 수 없는 지상명령이었다는 깨달음만을 더 뚜렷하게 불러올 뿐이다. 그리고 나와 문학과의 관계가 불가피한 운명이었음을 확고히 천명하게 될 것이다.

그렇다면 나는 왜 시를 말하면서 '결핍'이라는 말을 떠올렸을까. 내가 문학을 선택한 것은 내게 흡족하지 못한 구석이 있어서 그것을 채우고 싶은 욕망으로 선택했다고 말하고 싶었는가. 대뜸 '결핍' 운운하면 전혀 예상하지 않은 방향으로 의미가 흘러갈 수도 있다. 나는 문학으로써 내 결핍을 채울 수 있다고 생각했는가, 내 허술함이나 모자람을 문학이 대신할 수 있다고 믿었는가. 도처에서 마주치는 소외감과 열등감을 문학으로 치유할 수 있다고 여겼는가?

  그렇다. 어리석게 들릴지 몰라도 나는 그렇게 생각하였고, 확신하였다. 젊은 시절 나는 온 세상 사람들이 다투어 문학을 선망하고 경외하는 줄만 알았다. 그러므로 내 문학의 동기가 '결핍' 때문이었다고 했어도 문학을 폄하하려는 의도는 전혀 없었다. 나는 시를 써서 나를 호사스럽게 하자는 생각이었고, 그것이 가능하다고 여겼다. 그만큼 나는 문학에 화폐로는 환산할 수 없는 가치와 의미를 부여하고 있었다. 그러므로 내가 걸핏하면 세속적인 것이라고 치부하는 것들 - 그럴듯한 권력이나 든든한 재력 - 을 가지고 있고, 그밖에 갖출 것 다 갖추어 아무런 모자람이 없었을지라도 문학에 대한 그리움은 버릴 수 없었을 것이다.

  지금 누가 '너는 문학으로 너를 얼마나 채우고 보수하였는가' 물을까 봐 겁이 난다. 보수하기는커녕 갈수록 처절한 외로움과 좌절감을 키워나갔을 뿐이다. 먼저 문학에게 미안하고 나에게도 미안하다. 그런데 '결핍'은 점진적으로 나를 연단시켰고, 살아야 할 이

유와 힘을 제공하였으며 달성해야 할 목표를 길목마다 제시하여 주었다.

결핍이라는 말을 그리움이라는 말로 바꾸어도 된다. 그리움이란, 결국 "충족되지 않은 상태에서 느끼는 갈망"이 아니겠는가. 얼추 들어맞을 것이다. 시를 쓰는 데 있어서 그리움이란 항목은 동경이라고 표현하는 것이 가장 적합하지 않을까. 무엇이든 마음속에 그리면서 바라는 세계가 있어야 한다는 것이며, 정신적인 여백이 있어야 한다는 말이니까.

그리움에 잠긴 얼굴은 결핍을 채우려고 소망하는 얼굴이어서 아름답다. 제우스가 아름다운 여인의 모습을 완성한 다음 최후로 불어넣은 것이 그리움이라고 한다. 그리움이 없는 얼굴은 더 이상 바라는 바가 없는 얼굴, 여백이 없는 얼굴이며, 완전히 가득 차서 아무것도 갈망하는 바가 없는 얼굴이다. 영혼이 유실된 얼굴처럼 무미건조하다는 말이 될 것이다.

2. 사랑을 시로 쓸 수 있는가

나는 오래전부터 연시戀詩를 쓰고 싶었다. 사랑은 가장 공감대가 크고, 인간의 어떤 정서보다 우선하는 것이지만 입에 올리고 나면 급격히 통속적인 것으로 전락해 버리기도 한다. 사랑을 시로 쓸 수 있는가? 사랑 그 자체가 바로 시 아닌가? 사랑은 폐부 깊숙이 간직할 것이지, 입술을 나불거려 노래 부를 것이 아니다. 노래로 불릴 게 아니라 종교처럼 신앙해야 할 것이다. 그러다가 때로는 아름다운 순교로 꽃 피워야 할 것이다. 사랑은 진중하고도 순전하게 표현되어야 한다. 그러므로 내 연인은 절대자와 같은 중량으로 내 앞에 우뚝하고, 사랑의 기간은 평생으로도 모자라서 죽은 다음까지도 포괄하는 영원이어야 할 것이다. 그래서 한용운 시인은 이렇게 읊었을 것이다.

> 황금의 꽃같이 굳고 빛나던 옛 맹서는 차디찬 티끌이 되어서 날아갔습니다
> 날카로운 첫키스의 추억은 나의 운명의 지침을 돌려놓고 뒷걸음쳐서 사라졌습니다 (…)
> 우리는 만날 때 떠날 것을 염려하는 것과 같이 떠날 때에 다시 만날 것을 믿습니다
> 아아, 님은 갔지마는 나는 님을 보내지 아니하였습니다
> 제 곡조를 못 이기는 사랑의 노래는 님의 침묵을 휩싸고 돕니다
> ―「님의 침묵」 부분

인용시가 너무 길어질 듯하여 부분만 소개한다. 이별의 상태로 시작한 한용운의 시는 이별의 상태에서 이별하지 않았음을 확인시켜 주며, 침묵하는 님으로부터 무수한 언약의 말과 계시를 전달받고 있다. 그는 마치 확실한 해후를 위해서 잠시의 이별을 감수하고 있는 듯한 태도를 보인다. 이는 부활과 윤회와 재생을 위해서 죽음을 원용하고 있는 듯한 태도로도 해석할 수 있다.

그런데 한용운 시인의 이러한 시를 연시라고 부를 수 있을까. 연시라고 부르기에는 그 중량이 오히려 차고 넘친다. 한용운 시인은 시인인 동시에 중생을 제도하는 승려이며, 3.1운동 독립선언문을 낭독한 애국투사이다. 그가 애타게 부르는 대상은 인간으로서의 이성異性이 아니다. 그의 님은 포괄적이며 상징적인 존재다. 영원성을 갈구하고 순교를 불사하는 종교적인 절대성의 대상이라고는 할 수 있어도 역시 그가 읊은 시를 사랑의 시라고 하기에는 적합하지 않다.

나는 이러저러한 망설임으로 연시를 써야 할 시간을 소비해 버렸다. 인간 대 인간의 연시는 때로 연인을 흠모하는 기도로 끝나기도 하고 전심전력으로 그에게 도달하려는 아픔과 절망의 울음이기도 할 것이다. 그러나 내가 그동안 내놓은 연시는 연시로서의 진지함도 그윽함도 전달하지 못했던 것이다. 내게서는 사랑을 행사하는 자로서의 광채도 없었고 사랑을 보유한 자로서의 풍요로움이나 여유로움도 없었을 것이다.

나는 다만 자폐적 계율에 얽매여 나를 엄중하게 통어하고 질서화하기에 여념이 없었을 것이니까. 나의 연시는 그래서 고집처럼 견고하고, 그래서 마른 잎사귀처럼 중도에 부서져 버렸을 것임이 틀림없다.

모두 알고 있는 것을 입으로 반복하여 발표하는 사랑. 그 고귀성을 찬양하면서 불가사의한 에너지와 그로 인한 분규와 비극을 가볍게 한마디씩 거들게 하는 사랑, 나는 사랑의 시를 완성해 내는 것이 얼마나 어려운가를 날이 갈수록 깨닫는다.

그러나 그러면 그럴수록 나는 연시를 쓰고 싶었으며 그 생각은 지금도 변함이 없다. 시는 개인적 체험이면서도 여럿이 공감할 수 있어야 하므로 공유할 수 없는 감정이나 체험은 특수한 것일 뿐, 시가 될 수 없다. 배반을 당하든 돌아앉아 증오하든 다 함께 겪는 듯한, 형이상의 몇 줄 공간을 이루는 시. 그런 시를 얻으려고 나는 치열한 감정이 앙금으로 가라앉을 때까지 오래 망각하는 과정도 가지려고 한다.

다 잊어버린 다음까지 아득한 거리를 두고 남아 있는 것, 삭아 가라앉아 있으면서도 엉겨 붙어 있는 것,

그러다가 응고하여 형체를 알 수 없는 돌이 되기도 하는 것, 그 돌 가운데 진주라 불릴 수 있는 것이 있으면, 그것은 드디어 좋은 시가 되겠지. 아, 좋은 시 몇 줄에 목이 마르다.

3. 한바탕 광기狂氣와 같은 시

  시는 노래여야 한다는 생각이 갈수록 확고해진다. 노래 아니라면 무엇이 될 수 있을까? 시는 이야기도 수수께끼도 아니고 경구나 표어도 아니고 다만 노래일 뿐이다. 시가 노래라면 다듬어진 형식의 아름다움을 갖추어야 하며, 다듬어진 형식의 아름다움은 우선 율조에서 나타나게 되리라.
  나는 대체로 시의 리듬에 집착하는 편이다. 시는 격앙된 정서의 압축된 표현이고 리듬은 도저히 견딜 수 없어서 흘러나오는 자연스러운 시의 숨결이라고, 리듬이 상실되면 정서도 이완되고 흩어져 버린다고, 나는 그렇게 믿고 있으며 그렇게 주장한다.
  시에서 우리가 기대하는 것은 일말의 흥취, 한 가닥 공명과 진동, 순간의 전율이다. 나는 신명이 나서 뿜어내는 한바탕의 광기와 같은 시를 쓰고 싶다. 여럿이서 함께 녹아드는 춤판과 같은 시, 마법의 주문과 같은 시를 쓰고 싶다. 그러나 내가 좋다고 쉽게 만날 수가 있는가? 그런 시를 쓰기는 아마도 갈수록 어려워질 것이다. 나는 가끔 의심한다. 내가 지금까지 썼던 것은 정말 시인가? 감동도 충격도 공감도 없는 시는 있어야 할 의미가 없는데 내 시는 어느 지경까지 와 있는가. 저 근원의 밑바닥에서부터 의심이 될 때가 있다.

나는 첫 시집 『황제여』(1970)의 뒷부분에 아래와 같은 에필로그를 달았었다. 구태여 그것을 다시 꺼내어 말하려고 하는 것은, 그로부터 오랜 시간이 지났는데도 지금의 마음이 그보다 덜하지도 더하지도 않기 때문이다.

> 시인이란 말은 내게 가장 경건한 이름이다. 그 이름으로 불릴 때 나는 표창장을 받던 어린 날의 학생처럼 조용히 놀라 몸을 사린다.
>
> 시인이라는 길 외에 내 시야에는 아무것도 없었다. 오늘까지 내가 철저한 고독으로 나를 지켰던 것은 내 내면의 순수한 감동과 전율 때문이었다. 내가 절망과 좌절감에서 해방될 수 있었던 것은 나를 이끄는 환상 때문이었다. 이 환상과 전율이 나를 지금까지 시를 쓰게 하였다.

> 나는 내 인생의 잡다한 일들, 별스럽지 않은 내 일상의 번잡하고 섬세한 구조, 내 성스러운 직무, 희열과 고뇌, 이런 것들을 사랑한다. (…) 나는 내 시가 모르는 골짜기에서 노래 불리고 그들과의 간격이 이웃처럼 화창해지기를 소망한다. 그리고 내 시가 부디 치졸하거나 불손하거나 허황한 것들이 아니기를, 공명을 향한 아름다운 예감의 촉수觸手이기를 바란다.

우연히 이 글을 다시 읽게 되었는데, 첫 시집에서 원하던 것이 더러는 이루어진 것이 아닌가, 잠시 자만에 빠지려고 하였다. 나는 시인으로서 열심히 시를 썼으며, 그 시가 "내가 모르는 골짜기에서 노래 불리고, 그들과 내 간격이 이웃처럼 화창해지기를 소망" 하였는데 그것이 조금은 이루어졌다고 생각했다면, 내가 애초부터 큰 것을 바라지 않았기 때문일 것이다. 그런데 지금 내 시가 모르는 골짜기에서 노래 불리고 그들과 내 간격이 이웃처럼 화창해지고 있다고 생각한다는 것이다. 그런 생각을 할 수 있게 되었다니, 그게 다소 과장된 착각이라고 하더라도 참 고마운 일이다. 나도 모르는 골짜기에서 나의 시를 읽어주는 이웃들에게 진실로 고맙다.

정말로 내가 이 세상에서 할 수 있는 일은 시를 쓰

는 일밖에 없었음을 다시 강조해야 한다. 사실 그것도 힘이 모자라곤 했지만 모자라면 모자라는 대로 오로지 그것밖에는 아무것도 할 줄 아는 게 없었다. 할 줄 알다니, 그럼 나는 제대로 쓸 줄 알아서 썼단 말인가? 가끔 문학이란 무엇인가? 시란 무엇인가? 묻는 사람들에게 나는 제대로 대답하지 못한다.

문학이 무엇이며 시가 무엇인지 몰라서 국문학과에 갔는데 그로부터 수십 년이 지났으며, 그것을 공부하였고 연구하였고 그것을 기초 삼아 가르치기도 했는데 아직도 확실히 모른다면 숱한 세월 무엇을 했단 말인가, 헛짓을 한 것이 아닌가. 한심스럽다.

4. 시와 밥

'삶'과 '시', 둘 중 하나를 선택하라고 주문하면 나는 망설이지 않고 '삶'을 선택했었다. 내가 삶을 선택한 것은 살아갈 자신이 없어서였을까? 살기를 포기할 자신이 없어서였을까? 삶이 아름다우면 그 삶을 토양으로 딛고 공존하는 시(문학)는 당연히 아름다워질 수밖에 없다고 믿었다.

그러나 나는 '내가 가장 배가 고프던 시절에 왜 시를 선택했을까?' 그때나 지금이나 시가 밥이 되지 않는다는 것은 말하지 않아도 뻔히 알고 있는 사실이었는데, 괜찮은 밥자리를 걷어버리고 시를 쓰기 위해서 대학에 입학했다. 그리고 아예 거기에 뿌리를 내리고 뼈를 묻으려고 한다.

나는 내 삶이 시가 되기를 바랐으며, 삶을 최선의 열정으로 살아내는 것이 곧 삶을 시가 되게 하는 일이라고 생각하였다. 시는 있는 그대로 내 삶이요 숨결일 뿐, 배가 고파도 그것은 시의 탓이 아니므로 감히 밥을 벌어오려고 시를 쓰고 부릴 수 있다고 생각해 본 적이 없었다. 더러 문학상이라는 이름이 붙은 상을 받기는 했다. 그것은 언제나 분에 넘치는 상이고 행운의 상이었으며 우정의 상이고 감격의 상이었다. 그리고 내가 시를 위해 다시 갚아야 할 상이고 어떻게 하든 그만큼 헌신하지 않으면 안 될 무거운 상이었다. 나는 이 일을 잊어서는 안 된다. 잊지 않고 앞으로 실행해야 할 내 중대한 과제로 삼아야 한다.

나는 시인이 그 일생에 단 한 권의 좋은 시집을 남길 수 있으면 족하다고 생각했다. 그러나 나는 좋은 시를 쓰려고 애를 쓰다가 결국 스물여섯 권이나 되는 시집을 내고야 말았다. 스물여섯 권이라니, 분량이 많으면 많을수록 질량이 모자랄 것은 뻔한 일이다. 정해진 분량의 원액에 물만 자꾸 타고 양을 부풀려서 결국에는 아무 맛도 없이 맹숭맹숭한 맹물이 되게 만들어 내듯이 말이다.

그러므로 여러 권의 시집을 묶어낸 것이 나를 자랑스럽게 하거나 기쁘게 하지 못한다. 오히려 울적하게 하고 허전하게 할 때가 많다. 그리고 늘 부끄럽다는 생각이 든다. 그런데도 나는 이 일을 여기서 끝낼 수가 없고, 죽을 때까지 계속하게 될 것이며 현재의 몇 권이라는 쓸모없는 숫자도 훌쩍 뛰어넘게 될 게 뻔하다. 나는 나도 모르는 사이에 '삶과 시'라고 하던 순위를 '시와 삶'으로 뒤바꾸고 있다.

나는 내 행적에 대하여 이렇게 변명하기로 하였다.

> 나의 화살은 번번이 빗나갔습니다. 과녁에 적중하지 못하였으므로 적중할 때까지 계속 시위를 당길 수밖에 없었습니다.

그러나 그런 변명이 마음에 차는 것은 아니다. 마음에 차지 않을 뿐만 아니라 더 큰 오해를 불러올 수도 있을 것 같다. 도대체 과녁에 적중하지 못했다는 말이 무엇인가? 과녁이란 바로 목적이 아니겠는가? 목적이라면 무슨 목적인가? 목적이라는 말이 참으로 불순하게 들린다. 그래서 이렇게 다시 수정하기로 하였다.

> 나는 시위를 당기려고 태어난 사람처럼 계속 당길 것입니다. 나는 아마도 화살이 내 심장을 겨누는 날까지 시위를 당기게 될 것입니다. 부디 그렇게 되기를 바랍니다. 나는 아무런 목적이 없습니다.

나는 또 이런 글을 쓴 적도 있다.

> 내가 읊은 시편의 수는 내 고독의 깊이와 정비례하는 것이 아닐까. 그 고독의 깊은 구렁에서 내 영혼은 침식될는지도 모른다. 내가 읊은 시편의 수효만큼 나는 분열되고 마멸되어서 사라질는지도 모른다. 나는 내가 광야에 홀로 서서 노래 부르고 있는 것은 아닌가? 의문을 품기도 한다.

이 역시 부끄러운 말이다. 나는 시가 인기몰이의 공연물처럼 내 현시욕顯示慾을 만족시키기를 바라는가. 시인은 순수한 영혼의 기수라고, 시인으로서 긍지를 가지고 살아가야 한다고 하면서도 영혼의 고독을 견디지 못한다면 아직도 제대로 뿌리 내리지 못한 게 아닌가? 내가 뛸 수 있는 광장에서 쓰고 싶은 시를 썼으면 그것으로 된 것이다. 어떤 칭찬도 응답도 기다리지 말자. 쓰고 싶을 때 썼으므로 나는 이미 구제를 받은 것. 시를 발표한 후 몰려드는 공허함은 오로지 완전연소에 실패한 내 불찰일 뿐이다.

시인은 원래 사위가 적막으로 둘러싸인 광야에 홀로 서서 노래를 부르는 사람이다. 노래를 부르다 보면 뜻밖에 목청이 트일 수 있고, 그것이 청자를 얻어 새로운 운명의 관계를 맺기도 할 것이다. 그렇게 되면 고맙게도 윤택한 공명과 화음이라는 공간적 유대도 생길 수 있을 것 아닌가. 아니다, 그렇지 않아도 된다. 내게는 여전히 '시'라는 노래, '시인'이라는 이름이 최대의 면류관이니까. 살아 있음의 징표인 듯이 시를 쓸 것이다. 시만을 바라보고 시를 쓰면 된다.

오래전에 다짐했던 말처럼 지금까지 쓰고 있는 시가 "치졸하거나 불손하거나 허황한 것들"이 아니었는지, "공명을 향한 아름다운 예감의 촉수"였는지 우선 돌아다보자. 그렇다고 대답할 자신이 없다면, 부디 그렇게 될 때까지 죽은 듯이 밥이 될 수 없는 시를 엎드려서 쓰자.

연전에 지방 문학 단체에 가서 〈문학이 주도하는 삶〉이라는 제목으로 강연을 하였다. 강연을 마치고 돌아오는 차 안에서 내가 변화했음을 깨달았다. 문학이 주도하는 삶이라니, 그러면 문학이냐 삶이냐 양자 택일의 기로에 섰을 때 삶의 편이 아닌 문학의 편이라는 의미가 아니겠는가? 나도 모르게 변했구나.

5. 시와 시학

"시론에 능통하면 시를 잘 쓸 수 있는가?" 이 말은 "문법을 알면 말을 잘하게 되는가?"와 맥락을 같이 한다. 시론을 공부해도 시를 창작하는 데에는 도움이 되지 않는다는 말로, 나는 〈시학詩學〉 수업 첫 시간을 시작하곤 하였다. 시의 이론은 시를 쓰는 데에 아무런 도움이 되지 않는다고 오히려 장애가 될 수도 있다고.

학위논문을 쓰는 동안 나는 여러 번 회의하였다.

"내가 지금 무슨 짓을 하고 있지?"

시인에게 학위논문이라는 것은 아무짝에도 소용이 없다. 그것은 다만 교수로서 필요했을 뿐이다. 견고한 이론과 주장, 건조한 평설에 지쳐 있을 때 귓가를 스치는 대중가요의 가사 한 구절이 얼마나 서늘한 감동으로 나를 흔들던가. 그것은 뛰어난 학자의 탁월한 이론보다 나를 각성하게 하고 나를 감동으로 떨게 하였다. 이런 내 생각을 간파하고 있다는 듯 어느 날 K교수가 말했다.

"이 교수, 학위과정 끝낸 후엔 논문 같은 것은 읽지도 말아요. 이 교수에게는 시가 있지 않아요? 시를 쓰세요."

나는 정말 그러려고 하였다. 나는 시를 쓰려고 대학에 갔지만 정말 대학에 꼭 가야 했던가? 지금 와서야 의심스럽다. '학력 별무'라고 간결하고 선명하게 약력을 기록한 어떤 소설가가 있었다. 그의 약력은 나를 오랫동안 압도하였고 내 자존심과 정체성을 흔들었다.

시에도 물론 규율이 있기는 하다. 정형시라면 음절수를 생각해야 하고, 행과 연을 어떻게 나눌 것인가도 고민해야 한다. 그러나 시를 쓰면서 정형시로 쓸 것인가 자유시나 산문시로 쓸 것인가 미리 정하고 쓰는 것은 아니다.

쌀이 있으니까 그것으로 밥을 짓게 되고 무 배추가 있으니까 그것으로 김치를 담게 되듯이 제재가 시의 형식을 결정해 버린다.

나는 리듬이 느껴지지 않을 때 시행을 전진시킬 수가 없다. 우리는 흔히 '리듬'이라는 말과 '운율'이라는 말을 혼동하고 있다. 운율이 음수율로 결정되는 기계적인 가락이라면, 리듬은 청각적인 소리에만 의존하지 않고 그 소리가 품고 있는 의미와도 연결된다.

유치환의 시 「울릉도」는 6연 20행으로 되어 있는데

6연은 1연을 그대로 반복하고 있다.

> 머언 심해선深海線 밖의
> 한 점 섬 울릉도鬱陵島로 갈거나

 이 시행을 어떤 리듬으로 읽을 것인가? "머언"의 리듬은 두 음절보다 더 길어지게 된다. "멀다"라는 의미, 그 거리의 아득함이 작용하기 때문이다. 또 "한 점 섬" 역시 긴 호흡을 필요로 한다. "한(하나)"이라고 하는 유일성唯一性, "점"이라고 하는 미세성微細性, 그리고 "섬"이라고 하는 격절성隔絶性이 "한 점 섬"이라는 3음절을 3음절보다 훨씬 긴 박자로 늘여 놓는다.
 모든 언어는 리듬을 지향한다. 그러므로 리듬은 시에만 있지 않고 산문에도 있다. 우주는 하나의 커다란 리듬체이다. 지구의 자전과 공전, 바다의 밀물과 썰물, 초승달에서 만월을 거쳐 그믐달이 되기까지, 봄·여름·가을·겨울 사계절과 유년과 청년과 장년과 노년, 생명이 태어나고 죽는 것, 동서남북과 흥망성쇠, 인체의 소순환과 대순환까지 모두 리듬으로 유지된다. 신체의 리듬이 깨진다는 것은 건강상에 이상이 있다는 것을 예고하는 징후이다.
 이들 리듬은 홀로 독립해 있지 않고 흐르면서 조화

하고 변화한다. 시의 리듬은 정서가 선도하여 결정되고 행과 연 역시 정서가 유도하는 각 시인의 호흡이다.

  나는 한 편의 시를 쓰면서 여러 번 소리 내어 낭송하곤 한다. 리듬이 마음에 든다면 그것은 내 마음과 더불어 몸의 리듬이 조화와 통일을 이루고 있는 상태임을 알려주는 것과 같다. 내가 시를 쓰고 싶은 충동을 느낄 때는 노래를 부르고 싶은 절정의 상태와 비슷하다고 보아도 된다.

  "문득 거기서 시의 첫 구절이 떠올랐다."는 말을 가끔 듣는다. 그러나 시의 그 첫 구절은 아무것과도 연계되지 않고 떠올랐을까? 아무런 까닭도 없이 지금 내 앞에 문득 떨어졌을까? 저 상류로부터 흐르고 흘러 너럭바위를 감싸 안고 돌다가 어느 풀섶에 멈추었다가 지금 바로 내 앞에서 돌돌거리는 물. 그 흐름에 꽃잎 같은 생각을 떨어뜨린 것은 정말로 우연이며 문득일까.

  주술사의 기도처럼 마력이 있는 시를 쓰고 싶다. 저녁 산촌의 안개처럼 몽롱한 분위기의 시를 쓰고 싶다. 아무런 지식도 해설도 필요 없고 다만 진동하는 가슴만으로도 만족할 그런 시를 쓰고 싶다. 누구에게 무얼 가르치려 들거나 뜻을 강하게 주장하는 시는 말고, 아무 데도 묶이지 않고 묶을 필요도 없으며 묶이고 싶지도 않은 자유, 그래서 어디로 튀어 오를지 모르는 탄력과 긴장감, 스스로도 전혀 예상치 않았던 바로 그 어휘에서 파생된 암시와 예감을 담고 싶다. 아무짝에도 쓸모없지만 바로 그것이 쓸모가 되는 비장의 광증과 열기를 적고 싶다. 시는 비실용성을 우선으로 해야 한다. 부디 의미를 담아내는 그릇이 아니기를.

예술은 기술과 다르므로 규칙이나 방법과 통하지 않는다. 나는 시를 쓰는 일보다 먼저 깊이 경험하여 가슴에 새기는 일을 따르려고 한다. 축적된 경험이 가라앉아 앙금이 되기도 하고 끝끝내 가라앉지 않은 것은 넘쳐서 흐를 것이다. 어느 날 갑자기 시의 첫 줄이 써진다는 것은 축적된 리듬이 노래로 터져 나왔다는 말이다.

그러나 나는 쓰고 싶은 시를 쓰지 못했다. 내 규율에 매여 교과서적인 것을 따르려고 하다니. 지금부터라도 미친 듯이 눈치 없이 절규하면서 헤매고 싶다. 불법의, 허락받지 않은, 무질서한 야합野合의, 그러나 이채로운 언어의 마술로 체현하고 싶다.

6. 시간의 깊이와 시의 깊이

"시는 시간이 누적되고 깊어질수록 점점 더 잘 쓸 수 있는 글이다. 그러므로 시인들은 나이가 들면 작

품이 좋아진다." 이 말을 한 사람이 누구였는지, 정말 그 말을 내 귀로 들었었는지 기억에 남아 있지 않다. 그러나 확실하게 보관되어서 내게 많은 위로가 되었었다. 그렇지, 그럴 수 있지. 햇살을 받은 분량에 따라 목숨의 광채도 윤택해질 것이고, 세상에 대한 이해도 유연해지지 않겠는가 생각나는 대로 해석하면서….

그러나 시간이 지나고 나이가 들어도 시가 쉬워지거나 잘 써지는 것 같지 않다. 오래 사귄 친구인데도 나는 그 앞에서 마음 내키는 대로 행동할 수가 없다. 시는 여전히 어렵고 조심스럽다. 오래전에 썼던 어떤 시가 오히려 요즘 쓰는 시보다 더 빛이 난다는 생각이 들 때도 있다.

전에는 거침없이 시도하고 과감하게 뚫고 나갔기 때문인지도 모르겠다. 축적되고 있는 시간이 시를 쓰는 일에까지 좋지 않은 영향을 미친다면 앞으로 지속될 내 인생이 무슨 의미가 있겠는가 심히 절망스럽다.

근래에 이르러 시집을 간행할 때마다 그때그때의 상황에 맞는 시집의 특성을 생각하곤 하였다. 예를 들어 『나무는 숲이 되고 싶다』를 간행할 때는 자연에 대한 의미, 수목에 대한 사랑에 촉수를 모았었다. 『어머니 큰산』에서는 어머니의 생애와 그리움에 몰두하였고 『캔버스에 세우는 나라』에서는 행과 연을 나누지 않은 형식에 치중했었다. 『별들은 강으로 갔다』에서는 14행시에 열중하였고 『순례자의 편지』에서는 고전문학을 현대화하는 데에 정신을 쏟았다.

시를 창작하고 시집을 간행하는 시인의 입장에서는 분명한 의도가 있어서 방향을 설정하였겠지만, 시집별 특성은 단지 시인에게만 의미가 있는 것이며 독자의 입장에서는 관심이 없는 항목이 될 수도 있다. 시인이 의도는 단지 어느 한 시인의 취향이요 선호하는 정서에 불과한 것이다. 그것은 독자의 관심을 끌 만큼 매력이 있는 항목이 아니다. 따라서 작자가 의도한 기획물로 쓴 시보다 아무런 의도가 없이 자연스러운 정서적 산물로 얻어지는 시가 공감을 얻을 수 있다.

어떤 형식으로 발표하든 창작 의도가 있었든 없었든 시는 시인의 얼굴이며 정신이며 그가 살고 있는 역사인 동시에 사회라고 할 수 있다. 다만 시인마다 선호하는 창작의 조건이 다르고 거기 용해시켜 주입하고자 하는 개별적 체험이나 철학이 다를 뿐이다.

이번에 묶어내는 시집 『모감주나무 한 그루 서 있었네』에는 70편의 시를 수록하고 있다. 전혀 의도한 것은 아닌데 묶다 보니 제재보다 시의 형식에 비중을 더 두었음을 알았다. 행과 연을 구분하지 않고 14

행을 기준으로 쓴 짧은 시가 있고(10~15행), 한 편의 시에서 호흡이 긴 부분과 짧은 부분을 연으로 분리하여 정리한 시가 있다. 그리고 1부부터 4부까지 각 부의 말미에 아무런 제약을 받지 않는 산문시의 형식으로 쓴 시를 한 편씩 첨부하였다.

그런데 이상하다. 짧은 시에는 3.4조 혹은 4.4조와 같은 율격이 생겼다. 생겼다는 것은 어휘를 배열하면서 스스로 형성되었다는 의미이다. 마치 우리의 전통 시가인 시조時調나 근대시 초기의 창가唱歌, 조선 시대의 가사歌辭를 낭독하듯이 나는 즐겁게 낭독하면서 썼다.

음식도 뚝배기에 담을 것, 접시에 담을 것, 종지기에 담을 것이 다르듯이 음식 자체가 그릇의 형태를 선택했을 것이다. 그리고 시각적인 조화를 생각하여 각기 다른 형식의 시를 교직하여 배치하였다. 자생된 율조를 의도적으로 바꿀 수도 있었지만, 바꾸지 않고 자연스럽게 형성된 그 율조를 그대로 지켰다.

나는 시의 의미가 무겁지 않기를 바란다. 글의 무게는 테마의 무게가 좌우하지만 시에서는 테마가 없어도 된다. 시가 언어를 조합하여 표현되는데 테마가 없는 시라니? 그러나 시는 의미보다 미감이 앞서야 한다고 생각한다. 그런데도 나는 아직도 거기에서 완전히 벗어나지 못하여 테마를 앞세우는 버릇이 있다. 그렇다. 그것은 분명 버릇이다. 삶을 반영하다 보면 어딘가 켕기거나 꿀리고 미덥지 못해서 공연한 말을 덧붙이고 싶어지나 보다. 시인이 시를 자기 마음대로 쓰는 것 같아도 사실은 그렇지 않다. 스스로 구속받지 않을 수가 없다.

7. 느끼는 시와 이해하는 시

어렸을 적에 고무줄을 양쪽에서 길게 잡아서 팽팽하게 해놓고 그 고무줄을 넘고 뛰고 꼬면서 놀던 놀이가 있었다. '고무줄넘기'다. 그냥 노는 것이 아니라 노래를 부르면서 고무줄을 넘고 뛰고 꼬았다가 풀었는데 이상하게도 그때 불렀던 노래가 지금까지 잊히지 않는다.

우리 집 먹이들
소들, 소 새끼들, 말 새끼들, 말 새끼 어미들

새야, 새야새야 어디로 가는 길이냐
이것을 보고 쓰러져 물러나세요

이종아

야종아

재미가 난다야

 입으로 부른 노래이고 문자로 기록된 것을 읽은 적은 없다. 그러나 내가 해석하고 시행으로 배열하면서 연을 나누어 보았다. 질서가 없는 듯하면서 있고, 있는 듯하면서도 확실하지는 않다. 요령부득의 이 노래를 누가 지었을까? 작자의 이름이 없다는 것은 유희공동체의 수정을 오랫동안 거치면서 이루어진 합작임을 의미한다.

 입에서 입으로 구전되어 온 민요는 아닌 것 같다. 가축의 이름을 부르다가 공중에 나는 새로 시선을 돌리고, '이종'과 '야종'이라고 하는 미지의 존재를 호명한다. 아마도 전후의 문맥으로 짐작하건대 이종은 우리 편이고 야종은 상대편이 아닐까 한다. 적대의 관계는 아니지만 양분되어 있는 집단임에는 틀림없을 것이다.

 위의 노래에 동원된 어휘들은 설명하여 이해시킨다기보다 미술에서의 색채처럼 느끼게 한다. 어렸을 적 우리 담임선생님은 우리에게 화음을 알게 하면서 그 느낌을 물었다. 도미솔 세 음을 함께 누른 후, 느낌이 어떤가를 물었다. 그처럼 미솔도, 레파라, 시레파도 각각 눌러서 느낌이 어떤가를 물었다. 혹은 불

타오르는 느낌이었고, 봄에 싹이 오르는 느낌이었으며 달밤에 길을 걷는 음산한 느낌이기도 하였다. 그 느낌의 세계는 그 자체로 존재하는 세계, 즉 사물이었다. 우리가 시를 읽고 향수하는 것은 이 사물의 세계를 만나려고 하는 것이다.

위의 시는 주변이 번잡하지 않음은 물론, 평화롭고 재미도 있다. 축귀逐鬼의 의미가 포함된 노래일까? 아마 그럴 수도 있을 것이다. 그러나 현장이 크거나 엄숙한 것도 아니니 본격적으로 축귀할 필요는 없다. 어린애들과 함께 놀이도 할 수도 있는 귀신이므로 온순하고 단순하며 전혀 무섭지도 음흉하지도 않을 것이다. 서로 승부를 다투고 경쟁할지라도 언제든 합류할 수도 있는 관계인 귀신, 귀신이라기보다 훼방꾼이라고 부르는 게 맞겠다. 그래야 놀이노래로서 적합할 것이니까.

나는 내 시가 이와 같기를 바라는 것은 아니다. 이것은 어디까지나 놀이의 노래일 뿐이다. 그런데 이 노래의 아무 데도 묶이지 않은 자유분방함을 배우고 싶다. 나는 시에서 내용이 무거움을 최대한 피하고 싶기 때문에 크든 작든 잔소리와 흡사한 가르침만은 배제하고 싶은 것이다.

시대가 바뀌고 전진하면서 시도 산문도 그 형태가

다양하게 변천하고 있다. 간결해지는 듯한가 하면 장황해지기도 하고 장황한 듯하면서도 간결을 추구한다. 우리는 지금 백인 백태의 시대를 살고 있는 게 아닌가 한다. 간결을 계속 추구하다가 나중에는 뼈만 앙상하게 되는지도 모르고 보태고 첨부하다가 시가 소설 같은 이야기로 변할는지도 모른다. 남을 기준으로 하지 말고 나를 기점으로 무단히 천착하고 창조해야 할 것 같다.

8. 이름

요즘 어느 잡지사에서 네게 이름 외에 호號가 있느냐고 물었다. 일부러 마음 먹고 지은 것은 아니지만 은사님들께서 오며가며 말씀하신 것을 간직하고 있기는 하다. 그것 중 하나를 확정하기가 어렵기도 하고 갑자기 이름 앞에 쓰지 않던 호를 덧붙이는 일이 쑥스럽기도 해서 두고 보기만 했었다. 그런데 이번에는 그중 하나를 골라서 잡지사로 보냈다.

있어도 되고 없어도 될 때, 있는 것이 없는 것보다는 나을까? 그렇지는 않을 것이다. 요즘 들어 호를 앞세우는 것은 마치 과거 속으로 역행하는 것처럼 이상한 기류로 느껴진다. 이대로 더 시간이 가면 변할지도 모르겠지만.

 시집의 제목을 잘 못 짓는다고 시가 나빠지는 것은 아닌데도 선택하는 데에 시간이 꽤 걸렸다. 시집의 이름을 『모감주나무 한 그루 서 있었네』로 정했다. 제목이 이렇게 길어도 괜찮을까? 음절만 열둘이고 떼어 쓴 공간까지 치면 열여섯 음절의 공간을 차지한다.

 모감주나무는 여름에 노란 꽃을 매달고 있는 낙엽수 관목인데, 그 영근 씨앗으로 염주를 만든다 하여 '염주나무'라고도 부르고, 노란 꽃을 피우다가 꽃이 질 때는 마치 황금비가 쏟아지는 것 같다 하여 서양에서는 'Golden Rain Tree'라는 이름으로 불린다는 말을 들었다.

 모감주나무는 산책길에 서 있었다. 아침 산책 시간 나는 모감주나무 곁에서 쉬곤 했었다. 그런데 어느 해 큰비에 양재천 둑이 참담하게 무너져 내리면서 모감주나무도 보이지 않았다. 경악과 안타까움뿐, 어떻게 그를 찾아낼 수 있었으랴. 그해의 수해는 유별하여 구청에서는 수해 보상금을 주기도 하였지만, 연고자가 확실하지 않은 모감주나무는 다만 한 그루 나무로 없어져 버리고, 누가 그의 부재를 애도하였을까. 나는 그를 위해 아무것도 못 하면서 쓸쓸함과 아쉬움으로 둑길을 걷는 일도 그만두었다.

지난봄 우연히 그 길을 지나다가, 옛날에 서 있던 바로 그 자리에서 어린 움을 밀어내고 있는 모감주나무를 다시 만났다. 그때의 내 마음을 무엇이라고 말해야 할까, 반가운 마음보다도 미안하고 창피한 마음으로 참회와 같은 정한을 쏟아 놓았더니 겨우 한 편의 산문에 가까운 글(시라고 할 염치가 없어서)이 되었다. 오늘 새 시집을 내면서 '모감주나무 한 그루 서 있었네' 그의 이름을 제목으로 내 마음을 터놓으니, 조금이라도 위안이 된다.

나는 이렇게 하여 부질없이 또 한 권의 시집을 세상에 내놓는다. 이 허전하고 쓸쓸한 마음, 이 부끄럽고 어색한 마음은 비단 이번만이 아니다. 시집을 낼 때마다 반복하게 되지만 왜 그런지 올해는 더 유별나다.
 이런 마음을 어떻게 표현해야 하나. 내가 말하지 않아도 독자들은 짐작하고 이해해 주리라 믿는다.